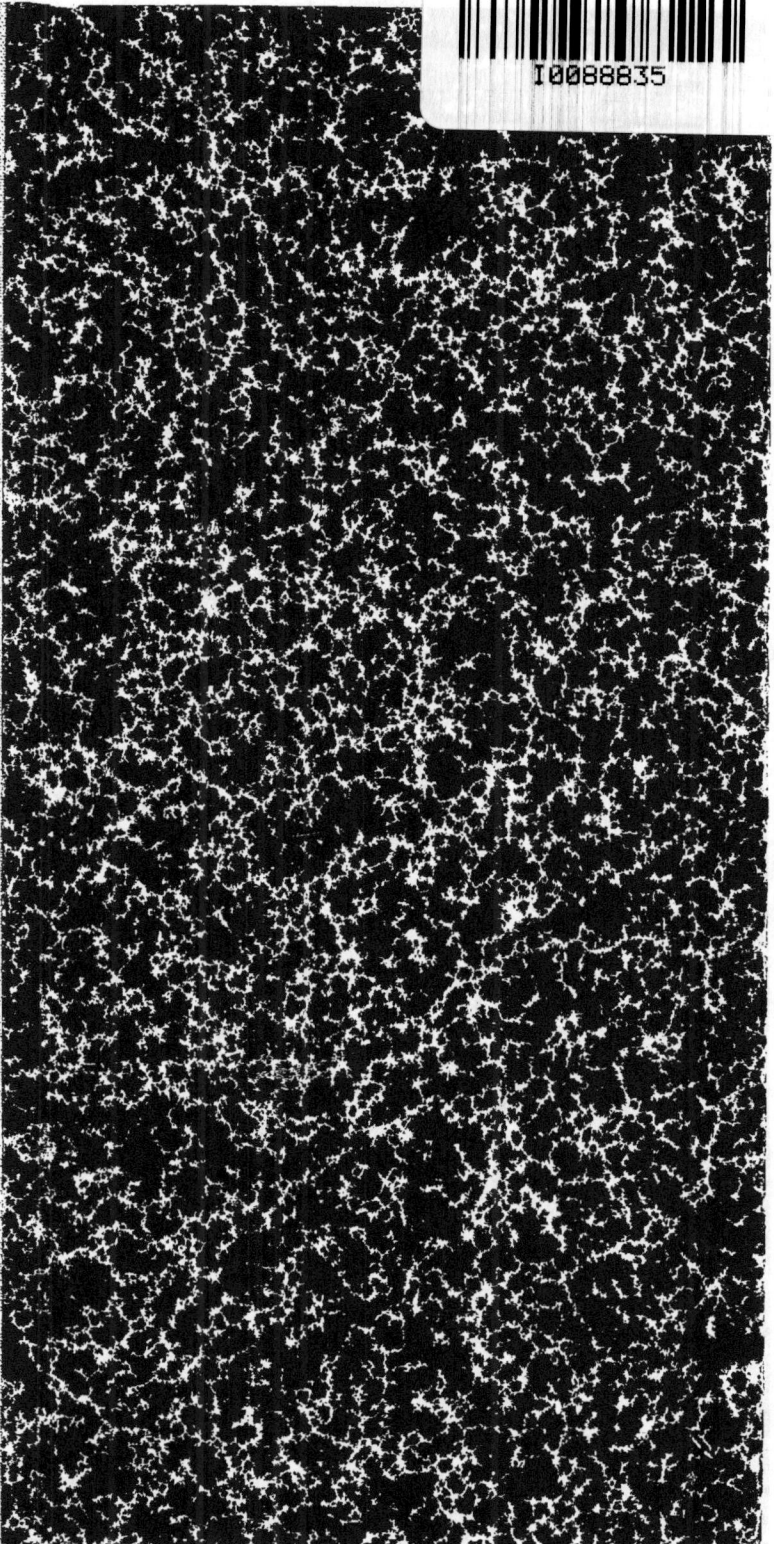

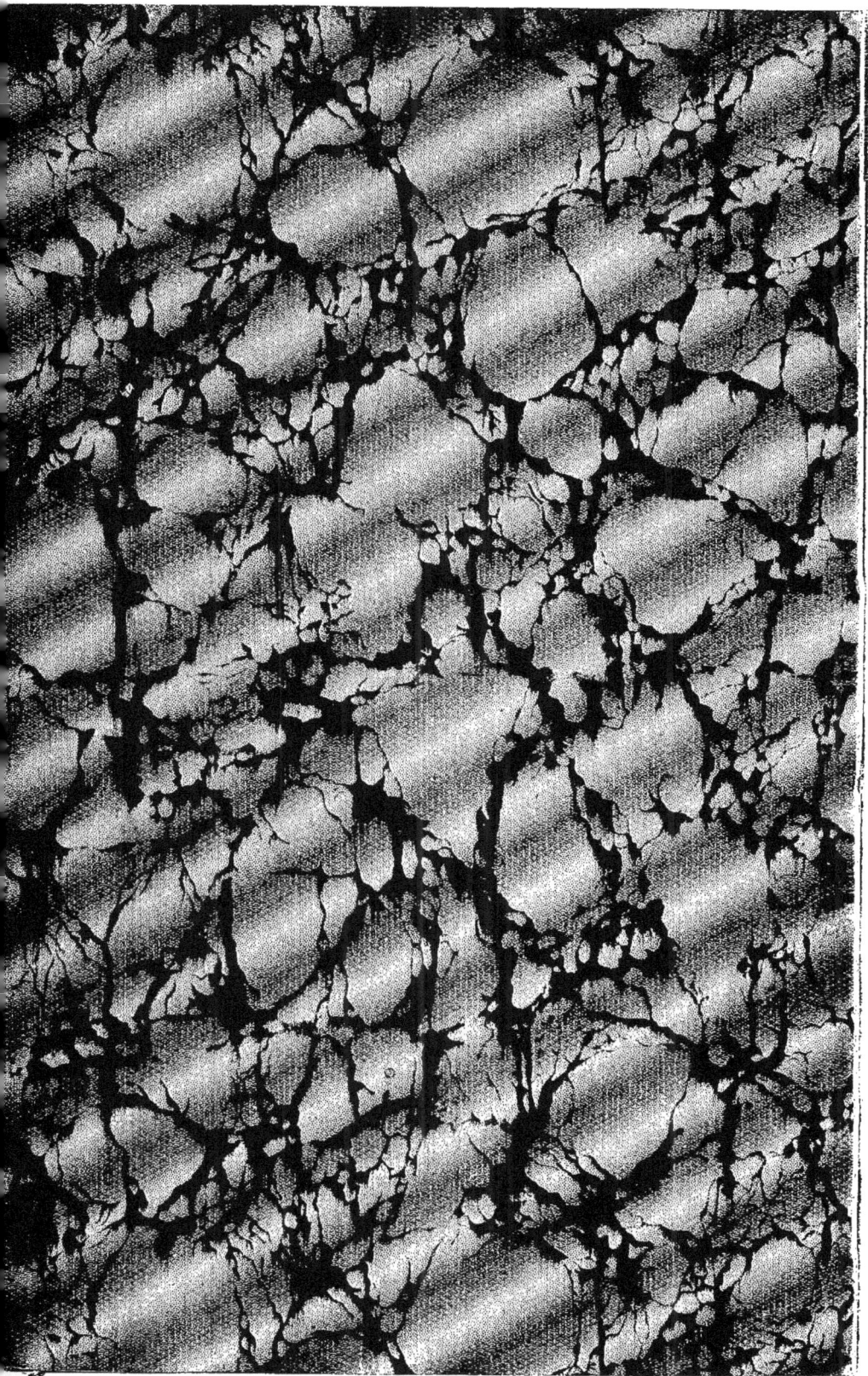

B. MARTIN REL.

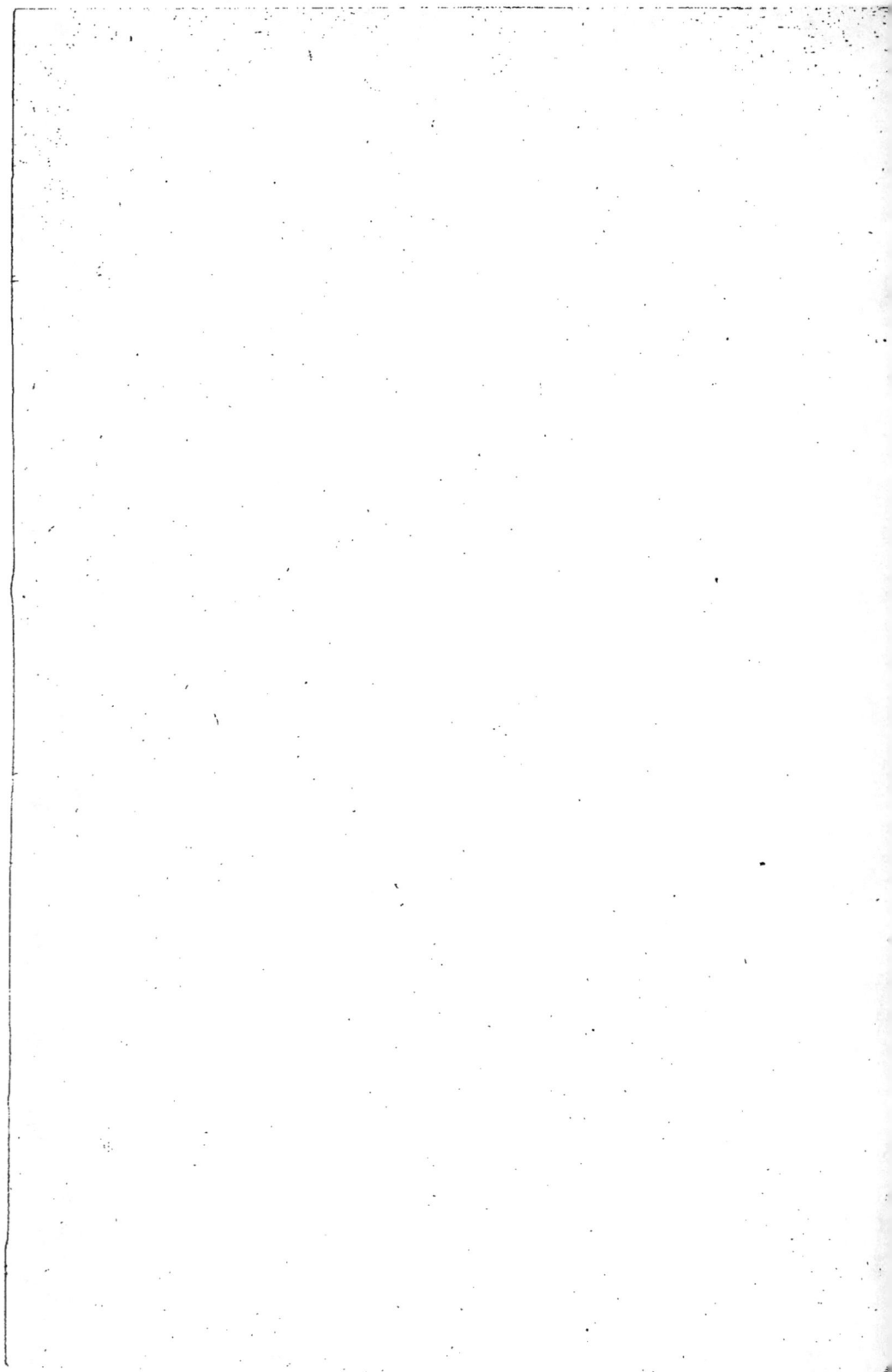

BIOGRAPHIE

DE L'AMIRAL

BARON ROUSSIN

1781-1854

PARIS

TYPOGRAPHIE DE E. PLON, NOURRIT ET Cie
RUE GARANCIÈRE, 8

1892

BIOGRAPHIE

DE L'AMIRAL

BARON ROUSSIN

PARIS

TYPOGRAPHIE DE E. PLON, NOURRIT et Cie

RUE GARANCIÈRE, 8

BIOGRAPHIE

DE L'AMIRAL

BARON ROUSSIN

1781-1854

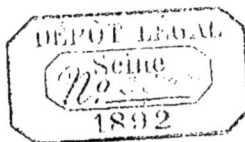

PARIS

TYPOGRAPHIE de E. PLON, NOURRIT et Cⁱᵉ

RUE GARANCIÈRE, 8

1892

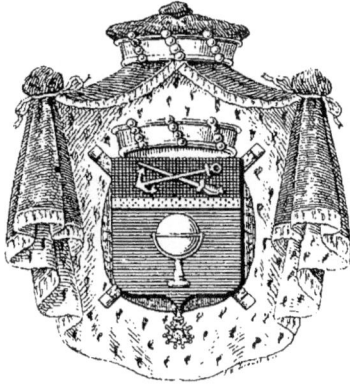

Baron ROUSSIN (Albin-Reine)

AMIRAL

PAIR DE FRANCE, SÉNATEUR

GRAND-CROIX DE LA LÉGION D'HONNEUR

MINISTRE DE LA MARINE ET DES COLONIES

AMBASSADEUR A CONSTANTINOPLE

MEMBRE DE L'INSTITUT ET DU BUREAU DES LONGITUDES

DE L'ACADÉMIE DES SCIENCES, ARTS ET BELLES-LETTRES DE DIJON

ET DE PLUSIEURS AUTRES SOCIÉTÉS SAVANTES

COMMANDEUR DE L'ORDRE DE SAINT-LOUIS

DÉCORÉ DE LA MÉDAILLE MILITAIRE

DÉCORÉ DE L'ORDRE DU NICHAN-IFTIHAR (1re CLASSE) DE TURQUIE

GRAND-CROIX DES ORDRES DE LÉOPOLD DE BELGIQUE

ET DU SAUVEUR DE GRÈCE

COMMANDEUR DU CRUZEIRO DU BRÉSIL

CHEVALIER DE SAINT-WLADIMIR DE RUSSIE

ET DU SAINT-SÉPULCHRE.

BIOGRAPHIE

DE

L'AMIRAL BARON ROUSSIN

I

Le jeune Roussin (1) n'avait pas encore atteint sa treizième année, lorsque, au mois de décembre 1793, il fut embarqué comme mousse sur la batterie flottante *la République,* employée à la défense de la rade de Dunkerque. La guerre venait d'éclater entre la France et l'Angleterre. Son entrée au service procura la liberté à son père, avocat au parlement de Bourgogne, qui, dans ces temps de persécution, était accusé d'aristocratie et d'incivisme. C'était débuter sous d'heureux auspices. Quelques mois après, Roussin fut fait novice, et passa sur la canonnière *la Chiffonne,* employée à l'escorte des convois sur les côtes de Flandre.

---

(1) Appendice A.

Au mois d'août 1794, il fut embarqué comme matelot timonier sur la frégate *le Tartu*, et pendant les vingt-huit mois qu'il passa sur ce bâtiment, il fit une campagne d'hiver en Norvège, une à Saint-Domingue et diverses croisières dans les mers d'Europe.

Le *Tartu* faisait partie de l'escadre légère de l'armée navale aux ordres de l'amiral Morard de Galles. Lorsque l'armée appareilla de Brest pour l'expédition d'Irlande (décembre 1796), cette frégate fut forcée de mettre sous voiles sans attendre sa yole, en ce moment à terre pour le service. Roussin, qui était patron de cette embarcation, fit pendant près de vingt-quatre heures les tentatives les plus périlleuses pour rejoindre son bâtiment; mais, obligé d'y renoncer, il se réfugia à bord du vaisseau *le Trajan*, qui le recueillit en dehors de l'Iroise et avec lequel il fit la campagne.

A son retour à Brest, ce vaisseau ayant été désarmé, Roussin fut embarqué sur le lougre *la Fouine*, chargé de la protection des convois sur les côtes de Bretagne. Ce bâtiment, armé de six canons du calibre de 4, soutint le 4 juin 1797, sur la côte de Plouméjon, un engagement d'une heure contre un lougre corsaire de Guernesey portant seize canons de 6.

Roussin venait d'accomplir sa dix-huitième année. Pendant ses campagnes, il avait senti la nécessité d'acquérir les connaissances théoriques du métier dont il possédait la pratique. Il obtint un congé comme n'ayant pas l'âge de la réquisition et rentra dans sa famille, dont il était éloigné depuis près de six ans. Il se livra alors avec la plus grande ardeur aux études indispensables pour se présenter aux examens publics, se rendit à Dunkerque, où il suivit un cours de mathématiques sous l'habile professeur d'hydrographie Petit-Genet, et, le 23 juin 1801, il fut reçu aspirant de première classe au concours public. La mort de son père, survenue à cette époque, le laissant le seul soutien de sa famille composée de sa mère sans fortune et d'un jeune frère, il rentra au service, qu'il ne quitta plus.

Embarqué comme second au mois d'août 1801 sur le bateau canonnier *le Mars,* qui faisait partie de la première division de la flottille de la Manche, aux ordres du contre-amiral La Touche Tréville, il passa quelques mois après au commandement du bateau canonnier *le Mentor,* dans la même division.

Au mois d'avril 1802, Roussin reçut l'ordre de s'embarquer sur la corvette *la Torche,* avec laquelle il fit une campagne à la Martinique. Pendant les neuf mois qu'il passa à bord de ce bâtiment, il rem-

plit les fonctions d'enseigne chef de quart, quoiqu'il ne fût encore qu'élève de première classe.

Au retour de la *Torche* à Brest, Roussin obtint
sur ses instances de passer sur la frégate *la Sémillante* de quarante canons de 12 et de 8, destinée
pour l'Inde. Il ambitionnait cette destination,
sachant l'éclat dont la marine française avait souvent brillé dans les mers de l'Inde, et il préféra
s'embarquer sur cette frégate plutôt que d'attendre
sa promotion au grade d'enseigne qu'il savait devoir
bientôt paraître.

Pendant la longue campagne qu'il fit sur cette
frégate, il prit part aux cinq glorieux combats qu'elle
engagea ou soutint (1). Roussin fut nommé successivement enseigne en 1803, et lieutenant provisoire
en 1807. Il fut confirmé dans ce grade à dater du
12 juillet 1808.

Lors d'une expédition de la *Sémillante* contre
l'établissement anglais de Bencoulen, sur la côte
de Sumatra, Roussin pénétra avec un seul canot
monté par vingt-deux hommes dans la baie de Puloo,
et s'empara de sept bâtiments anglais qui s'y trouvaient. Deux de vingt-six canons appartenant à la
Compagnie des Indes furent incendiés, ainsi que les

---

(1) Appendice B, I.

magasins de la Compagnie. Cette action fut mise à l'ordre de la division. Des nombreuses prises que fit la *Sémillante,* restée seule dans l'Inde de la division du contre-amiral Linois, pendant quatre ans, Roussin en commanda deux qu'il conduisit, l'une à Batavia en contenant pendant un mois de traversée un nombreux équipage d'Arabes mutinés, et l'autre à Corgados (1), lieu de rendez-vous assigné aux captures de la *Sémillante.*

Cette frégate ayant été reconnue hors de service fut désarmée à l'île de France au mois de mai 1808 (2); le lieutenant de vaisseau Roussin passa alors comme second sur la corvette *l'Iéna* de quatorze caronades de 18, chargée d'établir une croisière dans le golfe Persique et dans celui du Bengale. Cette corvette tenait la mer depuis plusieurs mois et avait capturé plusieurs bâtiments anglais, lorsque, le 28 octobre 1808, elle fut rencontrée sur les brasses du Bengale par la frégate anglaise *la Modeste* de quarante-quatre canons de 16 et de 32. L'*Iéna* soutint contre cette frégate un combat de nuit de deux heures et demie à portée de fusil, dans lequel elle eut dix tués et blessés, et n'amena qu'après avoir été entièrement désemparée et coulant bas d'eau. La conduite de

(1) Il leva le plan de cet écueil.
(2) Appendice B, II.

l'état-major et de l'équipage de ce bâtiment fut citée honorablement dans les journaux de Calcutta. Le capitaine Morice et son second reçurent dans cette capitale l'accueil le plus flatteur et furent logés au palais du gouvernement. Revenu à l'île de France par suite de son échange, Roussin fut embarqué le 11 janvier 1810 sur la frégate *la Minerve,* en qualité de second capitaine. Il participa sur cette frégate au combat qu'elle livra seule d'abord, le 3 juillet de la même année, aux vaisseaux de la Compagnie anglaise *le Ceylan, le Windham* et *l'Astell.* Ce combat durait depuis trois heures et demie, lorsqu'à l'arrivée de la frégate *la Bellone* et à ses premières volées, ces bâtiments amenèrent leur pavillon. Ils montaient chacun trente-huit canons, et avaient à bord un officier général et un régiment européen. La *Minerve,* démâtée de son grand mât de hune dans ce combat, eut dix-huit hommes tués et blessés.

La *Minerve* prit également une part active aux trois combats qui eurent lieu les 20, 22 et 23 août 1810 au grand port de l'île de France contre les frégates anglaises *le Syrius, la Magicienne, la Néréide* et *l'Iphigénie,* secondées par le fort de l'île de la Passe, alors au pouvoir des Anglais. Le commandant de la *Bellone* ayant été blessé dans le second de ces combats, le capitaine de la *Minerve* fut appelé à le remplacer. Le lieutenant de vaisseau Roussin prit le commandement de cette frégate et le conserva jusqu'au jour où il passa sur la *Néréide,* l'une des frégates capturées, qu'il avait amarinée pendant l'action, et dont il reçut ensuite le commandement quand elle fut réarmée.

A l'issue des combats du grand port, Roussin avait été nommé capitaine de frégate provisoire (1) par le gouverneur de l'île de France. Le ministre de la marine, sur le compte qui lui fut rendu de la bravoure qu'il avait déployée, le confirma dans ce grade à la date du jour où il lui avait été conféré. Il fut en outre nommé chevalier de la Légion d'honneur.

Compris dans l'honorable capitulation de l'île de France (10 décembre 1810), le capitaine Roussin fut chargé d'embarquer la garnison française avec ses armes et son drapeau. Il s'embarqua sur le parlementaire *Lord Castelreagh,* qui arriva à Morlaix au mois de mars 1811. Il avait passé plus de huit années dans les mers de l'Inde, pendant lesquelles il avait été le compagnon, l'émule et l'ami des Duperré, Bouvet, Hamelin, Motard, Bergeret, Bourayne, Baudin et autres officiers qui s'illustrèrent pendant cette période si glorieuse pour la marine française.

(1) Appendice B, II.

Présenté à l'Empereur le 5 mai suivant à Saint-Cloud, il en reçut l'accueil le plus flatteur. Napoléon donna publiquement des éloges à ses services dans l'Inde, en exprimant le vœu « que sa conduite eût beaucoup d'imitateurs ».

Le capitaine Roussin ne tarda pas à ressentir les effets de l'estime que le chef de l'État lui avait témoignée. Au mois d'octobre 1811, il fut nommé au commandement de la frégate *la Gloire* de vingt-huit canons de 18 et seize caronades de 24 en armement au Havre. A cette époque de la guerre contre l'Angleterre, plusieurs des frégates construites dans ce port avaient été détruites ou capturées à leur sortie. Il en était résulté du découragement parmi la population maritime de ce quartier et des quartiers environnants, en sorte que l'administration éprouvait de grandes difficultés pour se procurer les marins nécessaires à l'armement de cette frégate. Le moyen qu'employa Roussin pour y parvenir mérite d'être cité, en ce qu'il prouve la bonne opinion qu'il avait du matelot français. Il fit attacher à l'un des mâts de la frégate un bouclier portant pour devise en lettres d'or ces mots : *La gloire et l'honneur!* Vingt-quatre heures après, trente matelots d'élite s'étaient présentés à bord, et en moins d'un mois l'équipage fut au complet, mais avec une grande majorité d'hommes trop jeunes et peu habitués à la mer (1).

Ce n'était pas tout que d'avoir armé la *Gloire*. Il fallait la mettre à la mer, et c'était là le point difficile. La sortie du port du Havre ne pouvait être alors tentée que pendant trois jours seulement de chaque nouvelle et pleine lune, et avec des vents du sud-est au nord-est. Dans les autres phases, il ne montait pas assez d'eau pour faire flotter des bâtiments de ce rang. Il faut ajouter, pour compléter l'exposé de la situation du capitaine de la *Gloire,* que les dimensions du port du Havre à cette époque étaient telles qu'une frégate eût éprouvé de grandes difficultés pour y rentrer à la voile dans le cas où elle y aurait été forcée.

A ces obstacles de localité se joignait celui du blocus dans lequel les croisières anglaises tenaient le port du Havre. Une frégate de 46 et une corvette de 22 croisaient sous le cap de la Hève, et un brick

(1) Pendant qu'il s'occupait de l'armement de sa frégate, le capitaine Roussin avait eu la pensée de tenter un coup de main brillant sur la côte d'Angleterre. Mettant à profit les renseignements pratiques d'un ami qui avait longtemps séjourné comme prisonnier de guerre dans une localité de cette côte qui pouvait être surprise, il en avait préparé l'attaque de manière à en rendre le succès au moins probable; mais l'exécution en était subordonnée à la composition de son équipage, qui se trouva composé en majorité d'hommes trop inexpérimentés pour pouvoir persévérer dans son projet.

de 16 venait chaque soir jeter l'ancre à l'entrée du port lorsque les vents de terre semblaient pouvoir favoriser la sortie de la *Gloire*.

Plus loin était la croisière ennemie de Cherbourg, composée de quatre vaisseaux et de quatre frégates; celle du cap Lézard à l'entrée de la Manche; et enfin, l'armée navale, stationnée devant Ouessant, complétait ce blocus en poussant ses bordées fort au large, dans toutes les directions (1).

Cependant, malgré toutes ces difficultés, le capitaine Roussin sortit du Havre dans la soirée du 16 décembre 1812, un mois seulement après avoir reçu l'ordre définitif de prendre la mer. Il avait mis en défaut la vigilance des croiseurs du cap de la Hève. Ceux du Havre et de Cherbourg avaient été trompés également, n'imaginant pas, sans doute, que le capitaine de la *Gloire* effectuerait sa sortie, la lune étant dans son plein; mais il ne put doubler le cap Lézard sans rencontrer les bâtiments anglais stationnés sur ce point.

Le 18 décembre, à une heure du matin, la *Gloire* se trouvait en calme sous les terres du comté de Cornouailles, à environ deux lieues. Neuf bâtiments anglais manœuvraient pour la joindre. Au jour,

(1) Appendice C, I.

c'est-à-dire à huit heures, elle était à demi-portée de canon d'une forte corvette, l'*Albacore,* avec laquelle elle engagea le combat, tandis que quatre autres batiments de diverses grandeurs répondaient aux signaux de celle-ci et se ralliaient à elle.

Bien que la corvette à laquelle il avait affaire fût moins forte que la *Gloire,* le capitaine Roussin comprit que cet engagement, s'il se prolongeait, ne manquerait pas d'attirer tous les bâtiments anglais qui se trouvaient dans ces parages, et qu'il y aurait plus que de la témérité à continuer une lutte qui, en résultat, ne pouvait que lui être désavantageuse, tant à cause de son infériorité matérielle qu'en raison de la composition de son équipage (1). Il dut se rappeler, en outre, d'après la lettre de ses instructions, « que l'objet spécial de sa mission était de « faire le plus de tort possible au commerce anglais, « et que tous ses efforts devaient être dirigés vers « ce but ». Ces motifs le déterminèrent à s'éloigner

(1) Sur les trois cent quarante hommes dont se composait l'équipage de la *Gloire,* deux cent vingt-sept étaient des conscrits de la classe de 1812 qui, n'étant à bord que depuis deux mois, n'avaient reçu d'autre instruction pratique que celle qu'on peut donner dans un bassin fermé. Le reste était composé d'hommes provenant de l'un des équipages de flottille formés au Havre. Ils étaient un peu plus amarinés; mais cette portion était trop faible pour ne pas se trouver neutralisée par l'inexpérience des autres. Aussi les coups de canon tirés dans cet engagement le furent-ils par les officiers de la frégate, aidés de quelques chefs de pièces qui avaient navigué.

des côtes d'Angleterre; et en conséquence, laissant l'*Albacore* serrer le vent et se retirer du feu, il fit route à l'ouest pour sortir de la Manche; mais il s'arrêta à environ vingt lieues du cap Lézard, point le plus fréquenté de la route que prennent tous les bâtiments qui entrent ou qui sortent de la Manche. Le soir même de ce jour, la *Gloire* tomba dans un convoi escorté par trois frégates qui, l'ayant reconnue, lui donnèrent la chasse. La nuit qui survint et une fausse route la débarrassèrent de leur poursuite. Alors, le capitaine Roussin établit sa croisière non loin de là. Il fit dans ces parages cinq prises, dont une corvette de dix-huit canons (le *Spy*) armée en flûte. Ne voulant pas affaiblir l'équipage de sa frégate, il expédia cette prise en cartel d'échange après lui avoir ôté son artillerie.

Les coups de vent de l'hivernage ne permirent pas à la *Gloire* de croiser longtemps sur ce point. Elle y était depuis quinze jours lorsque le capitaine Roussin crut devoir chercher une mer moins dure et une température plus douce. Cette résolution lui était impérieusement commandée par l'état de délabrement dans lequel se trouvait la santé d'un grand nombre d'hommes de son équipage.

Le Portugal était alors occupé par une armée anglaise. Roussin se porta devant Lisbonne dans le dessein d'intercepter les correspondances entre cette ville et l'Angleterre. Deux frégates anglaises croisaient dans ces parages. Aussitôt qu'elles eurent reconnu la *Gloire,* elles firent porter dessus. En prenant chasse sous toutes voiles par un vent forcé, les clefs de ses deux mâts de hune rompirent à la fois. C'était une avarie majeure dans cette circonstance. Cependant, par l'habileté de ses manœuvres, Roussin parvint à s'échapper. Alors, il alla croiser entre Madère et les Açores. Il y captura neuf bâtiments. Il se porta ensuite au vent de la Barbade, point d'atterrage des bâtiments anglais destinés pour les Antilles; mais par un hasard extraordinaire il n'y fit aucune rencontre, quoiqu'il y fût resté dix jours entiers.

La *Gloire* tenait la mer depuis près de deux mois. Elle touchait à la fin de ses vivres, et l'état de ses deux bas mâts commandait impérieusement au capitaine Roussin de se rapprocher des côtes de France. Arrivé sur la sonde le 24 février 1813 avec un coup de vent de sud-ouest, sa vigie lui signala un navire qu'on reconnut être une corvette de quatorze canons. La *Gloire* l'eut bientôt atteint, et lorsqu'elle fut à portée de voix, le capitaine Roussin héla à ce bâtiment d'amener. Son capitaine, profitant de l'état de la mer qui rendait le tir incertain, fit plusieurs virements de bord vent arrière que la frégate ne pouvait suivre que plus lentement en raison de ses dimensions. Cette manœuvre retarda un peu la prise de la corvette ; mais la *Gloire,* étant parvenue à la mettre sous le vent à elle, lui envoya une volée qui lui fit amener son pavillon. La tempête augmentant rendait fort dangereux son amarinage. Il s'effectua cependant, sans la perte d'un seul homme, et en présence d'une frégate anglaise qui était en ce moment à la cape à environ trois lieues sous le vent.

La remorque donnée à la prise ayant cassé plusieurs fois, et la nuit s'approchant, le capitaine Roussin l'expédia pour Brest. Puis, pour captiver l'attention de la frégate ennemie, il laissa arriver sur elle. A dix heures du soir, la nuit étant très obscure, les deux frégates se trouvèrent si près l'une de l'autre qu'elles faillirent s'aborder : événement qui, en raison de la grosseur de la mer, les eût entraînées dans une perte commune. Quand elles se furent dépassées, un nouveau coup de vent qui éclata emporta à la *Gloire* son grand hunier, seule voile au bas ris qu'elle pût alors porter, et ôta aux deux bâtiments toute possibilité de se conserver à vue l'un de l'autre. On a su depuis que la frégate anglaise était l'*Andromaque,* de quarante-six canons. Après une croisière qui avait duré soixante-treize

jours, le capitaine Roussin rentra à Brest le 28 février 1813. Sa prise (la corvette *le Linnet,* de quatorze canons) y arriva le lendemain. La *Gloire* rame-
nait avec elle trois cent quatre-vingt-seize prisonniers anglais ; et le tort qu'elle avait fait à l'ennemi
fut évalué à cinq millions de francs (1).

Le capitaine Roussin reçut à son retour les éloges
dus à l'activité et au talent qu'il avait déployés dans
cette campagne (2). Il fut proposé pour le grade de
capitaine de vaisseau dans une promotion qui se
préparait, mais que les événements politiques qui
eurent lieu à cette époque firent ajourner. Au mois
de septembre 1813, attachée à l'escadre de Brest,
sa frégate fut désignée, sur sa demande, pour aller
attaquer, de nuit, une frégate ennemie mouillée
dans l'Iroise. Deux heures lui suffirent pour s'y préparer, et cette mission ne manqua que parce que le
bâtiment ennemi disparut avant l'heure fixée pour
l'attaquer (3).

Après l'abdication de l'Empereur et la conclusion
de la paix au mois de mars 1814, le capitaine Roussin fut envoyé à Plymouth pour y échanger les prisonniers de guerre. On adjoignit à la *Gloire* la fré-

(1) Appendice C, II.
(2) Appendice C, III.
(3) Appendice D.

gate *la Prégel* et la corvette *l'Aigrette,* qui firent trois voyages successifs sous son commandement. Cette division alla ensuite chercher à Anvers les équipages de la flotte qui y avait été laissée. Le capitaine Roussin fut encore chargé de conduire à Riga trois cent soixante blessés de la garde impériale russe. C'est pendant cette campagne qu'il fut nommé capitaine de vaisseau et chevalier de Saint-Louis. L'empereur de Russie lui adressa la décoration de Saint-Wladimir. Au retour de la *Gloire* à Brest le 25 novembre 1814, elle fut désarmée. Roussin la commandait depuis plus de trois ans.

Les Cent-jours furent un temps d'épreuve pour les hommes à qui les séductions de l'Empire étaient encore présentes. Le capitaine Roussin se trouvait alors à Brest. Les événements se précipitaient. La famille royale avait quitté la France, et les puissances étrangères se disposaient à l'envahir. Une expédition se préparait à Plymouth, et l'on savait qu'elle devait être dirigée contre le port de Brest. Dans cette circonstance, les officiers de la marine qui se trouvaient à terre crurent devoir se former en fédération, ainsi que l'avaient fait la garnison et la garde nationale, et ils se présentèrent au nombre de près de deux cents au capitaine Roussin, en le priant de se mettre à leur tête et de les diriger dans les exercices auxquels ils voulaient se livrer pour prendre part à la défense commune. Cette démarche lui donnait la mesure de l'estime dont il jouissait dans son corps, et quoiqu'il entrevît les difficultés de la tâche qu'il allait s'imposer, il l'accepta. Ce ne fut toutefois que sur un ordre du préfet maritime qui le plaçait au commandement des officiers non employés, qu'il prit possession de ce poste. Chargé dans des circonstances aussi difficiles de la direction d'un corps d'officiers composé en grande partie de jeunes gens, on concevra quelle prudence et quelle modération le capitaine Roussin dut employer pour calmer l'effervescence des uns et répondre à la confiance de tous. Il y parvint cependant par sa fermeté et ses conseils, et ces mots de fédérés et de fédération dont on abusa plus d'une fois en pareilles circonstances, et dont plus tard on fit un prétexte de proscription, ne furent pour le corps de la marine à Brest que des appels à l'ordre régulier et aux devoirs dictés par l'autorité supérieure. Chacun resta dans la ligne des siens, et personne n'eut à reprocher aucun acte répréhensible au capitaine Roussin. Un tel résultat aurait dû, peut-être, garantir celui qui l'avait obtenu des persécutions exercées bientôt après la seconde Restauration contre le corps de la marine. Et effectivement, le ministre de la marine

(marquis de Jaucourt) donna des éloges à la conduite qu'il avait tenue pendant les Cent-jours; mais
quelques mois après, il se vit compris par le successeur de ce ministre (le vicomte Dubouchage) dans
le nombre des officiers qui furent renvoyés sans
grades et sans pensions de retraite. Il avait alors
vingt-deux ans de service.

Le capitaine Roussin eût accepté cet ostracisme
qui frappa alors tant de bons officiers victimes
comme lui d'obscures calomnies; mais s'il trouvait
de la dignité à supporter une disgrâce injuste, il
n'en voyait pas moins à ne pas souffrir passive-
ment que quelques envieux sans mission s'arro-
geassent le droit de briser une carrière jusque-là
irréprochable. Cette considération le décida. Les
conseils de sa famille ne devaient pas d'ailleurs
être sans pouvoir sur lui dans cette circonstance
d'où dépendait son avenir (il s'était marié au retour
de la paix) (1). Il y céda, se rendit à Paris, et
dans l'audience qu'il obtint du ministre, il n'eut
pas de peine à détruire les imputations menson-
gères dont il avait été l'objet. Le ministre reconnut
qu'il avait été trompé, et tenant à honneur, dit-il,
de réparer ce qu'il appela une injustice, il le fit

(1) Appendice A.

rétablir dans son grade à son rang sur les listes de la marine.

Au mois de décembre 1816, le capitaine Roussin fut chargé de l'exploration hydrographique des côtes occidentales d'Afrique. Il s'agissait de rectifier la position de ces côtes et principalement celle du banc d'Arguin sur lequel la frégate *la Méduse* venait de faire un effroyable naufrage au mois de juillet précédent. On mit à cet effet deux bâtiments à ses ordres, la *Bayadère* et le *Lévrier,* et pendant les seize mois que dura cette mission, il explora dans deux campagnes successives environ quatre cent vingt lieues de côtes : ce qui produisit la rédaction complète des cartes de cette région accompagnées d'instructions pour la fréquenter avec sécurité. La décoration d'officier de la Légion d'honneur que le Roi lui donna en 1818 fut la récompense de ce travail (1).

Au commencement de 1819, il fut chargé d'explorer les côtes du Brésil avec la corvette *la Bayadère* et le brick *le Favori.* Cette nouvelle mission, qui dura dix-neuf mois, eut pour résultat la rédaction d'un recueil complet de cartes hydrographiques de ce pays qu'aucune nation maritime ne possédait. Au nombre des documents importants que produisit

(1) Appendice E.

cette exploration, on remarque la description du groupe des Abrolhos qu'il reconnut dans tous ses détails, ainsi que la vigie de Manoël Luiz, écueil très dangereux qu'il retrouva et dont il détermina la position exacte. Les documents fournis par cette campagne embrassent neuf cents lieues de côtes, depuis l'île Sainte-Catherine jusques y compris Saint-Louis de Maranao, et forment le *Pilote du Brésil,* ouvrage dont il fit hommage au Roi et à l'empereur dom Pedro. Louis XVIII lui conféra de son propre mouvement le titre de baron, et l'empereur dom Pedro lui donna la décoration de son ordre du Cruceyro.

Au mois de septembre 1821, le capitaine de vaisseau Roussin fut nommé au commandement de la frégate *l'Amazone,* et chargé du commandement de la station navale sur les côtes de l'Amérique méridionale. Pendant les vingt-six mois que dura cette campagne, il employa les forces sous ses ordres à protéger le commerce français sur les côtes du Brésil, du Rio de la Plata, du Chili et du Pérou, et fit respecter le pavillon français partout où il le porta.

Pendant qu'il stationnait à Rio-Janeiro, il reçut sa nomination au grade de contre-amiral datée du 17 août 1822. Il passa ensuite le cap Horn et se rendit dans les mers du Sud, second théâtre de son commandement.

Avant son arrivée dans ces mers, les officiers commandant les bâtiments de l'État étaient dans l'usage de recevoir à leur bord les capitaux que leur confiait le commerce français et étranger, pour les transporter d'un lieu à un autre, sans que ces opérations fussent assujetties à aucune forme de comptabilité administrative; et il en était résulté que plusieurs de ces officiers avaient été accusés de faire, sur ces opérations, des bénéfices illicites. Pour faire cesser ces soupçons injurieux pour le corps de la marine, le commandant Roussin ordonna que les officiers qui se trouveraient dans le cas de recevoir des capitaux du commerce seraient tenus de rendre un compte administratif du résultat de ces opérations (1). Cette mesure, dont il prit l'initiative, et qui seule pouvait concilier la protection due aux intérêts commerciaux avec la réputation d'intégrité dont les officiers de la marine doivent jouir, reçut l'approbation entière du gouvernement.

Il était en rade de Callao au mois de mai 1823 quand il apprit par les journaux des États-Unis d'Amérique (qui parvenaient déjà en cinquante jours au Pérou par la voie de Panama) l'entrée en Espagne de l'armée française commandée par le duc

(1) Appendice F, I.

d'Angoulême, et la déclaration faite au Parlement anglais par M. Canning « que le passage de la « Bidassoa par cette armée serait considéré· comme « un acte qui mettrait en question la paix de l'Eu- « rope ». Toutes les correspondances du commerce confirmaient ces bruits. Les officiers de toutes les stations étrangères y ajoutaient foi. Ceux des États-Unis d'Amérique s'en réjouissaient. Les officiers anglais n'étaient pas sans inquiétude en voyant leur station navale inférieure à la nôtre en ce moment, et se livraient déjà à des exercices militaires. De leur côté, nos négociants, privés d'établissements au Pérou et au Chili, s'alarmaient pour le retour de leurs capitaux et demandaient protection. Le contre-amiral Roussin, placé à trois mille lieues de France, eut donc à réfléchir aux éventualités qui allaient naître pour lui d'une guerre probable et qui pouvait devenir générale. Il s'en occupa sérieusement.

Son premier soin fut de rassurer sur ses intentions le chef de la station anglaise avec lequel il avait été depuis un an en bons termes. Il se prêta d'autant plus volontiers à ce procédé que, comme on vient de le dire, la supériorité des forces dans l'océan Pacifique était en notre faveur. Nous avions deux frégates de 50 et une corvette de 22, et les Anglais n'avaient qu'une frégate et un brick.

Il écrivit au capitaine Prescott : « 1° Qu'ayant
« reconnu le pavillon péruvien, il observerait la neu-
« tralité dans les ports couverts par ce pavillon à
« l'égard des bâtiments qui n'auraient pas pris l'ini-
« tiative des hostilités contre la France ; et 2° qu'il
« était disposé à continuer les bons rapports existant
« entre nos deux stations jusqu'à réception d'ordres
« contraires de son gouvernement (1). » Il adressa
la même communication au gouverneur de Lima
pour ce qui concernait le pavillon péruvien, et il
reçut de ces deux officiers de vifs remerciements.
Le capitaine Prescott avait à bord de la frégate
l'Aurora plus d'un million de piastres déposé par les
négociants de sa nation (2).

Ce procédé du chef de notre station fit beaucoup
d'honneur à son désintéressement, et rétablit la
confiance sur les côtes du Pérou et du Chili dès
qu'il y fut connu.

Pendant ce temps, le contre-amiral Roussin
s'occupa avec ardeur de mettre les bâtiments de sa
division en état de figurer dignement dans la lutte
qui paraissait chaque jour plus vraisemblable d'après
les journaux étrangers. A cette époque, par une

(1) L'histoire consignait que pendant la guerre de 1813 la frégate
anglaise la Phébé avait attaqué et capturé la frégate américaine l'Essex
sous le pavillon neutre du Chili.
(2) Appendice F, II.

sorte de fatalité, on fut près de dix mois privé de nouvelles directes de France.

Placé, comme on vient de le dire, à une immense distance de ce pays, quelle que fût la direction qu'il prît pour s'y rendre, il devait s'attendre à ne trouver dans ce trajet aucune relâche amie si la guerre maritime était déclarée. Il remplit donc ses bâtiments de vivres, d'eau, de munitions, et les organisa aussi militairement qu'il lui fut possible. Et dans le double but de pourvoir à leurs besoins à venir, comme de donner à nos commerçants la protection qu'ils lui demandaient, et qu'il dépendait de lui de leur procurer, il embarqua sur sa frégate et sur leurs instances 100,000 francs de leurs fonds en échange de traites du gouvernement qu'il revêtit de sa signature, prenant ainsi la responsabilité de contrevenir à des règlements financiers contraires à cet embarquement de capitaux sur des bâtiments du Roi.

Dans l'appréhension d'être surpris et bloqué dans les ports du Pérou par les forces considérables que l'Angleterre ne manquerait pas d'envoyer dans le Pacifique en cas de guerre, il se décida à rentrer en France. Il forma alors le projet, s'il apprenait positivement la déclaration des hostilités, de se porter avec sa division composée des trois frégates *l'Amazone, la Clorinde* et *la Pomone,* dans les mers de l'Inde et de Chine, d'y chercher et d'y détruire le convoi des Indes anglaises qui tous les ans sortait de Canton à la fin de septembre (1). Mais, après avoir attendu la confirmation des bruits de guerre, il se résigna à partir le 18 juin, encore dans l'incertitude, et à diriger sa division pour repasser dans l'océan Atlantique.

Jusqu'au cap Horn, il ne fit aucune rencontre qui pût modifier ses projets dans l'océan Atlantique; mais une des frégates de sa division fit une forte voie d'eau qui força ses conserves de l'escorter d'assez près pour pouvoir sauver son équipage dans une mer couverte de glaçons et assez grosse pendant huit jours pour rendre impossible l'emploi des embarcations. Il conduisit sa division dans la baie française des îles Falkland. La *Clorinde* y aveugla sa voie d'eau, et communiqua avec un bâtiment anglais qui avait quitté la Tamise au commencement d'avril, et dont les journaux portaient qu'à cette date la guerre entre la France et l'Angleterre n'était pas déclarée, quoique l'armée française fût entrée en Espagne et continuât de s'y avancer.

De ce moment, le contre-amiral Roussin ne dut

(1) Appendice F, III.

plus songer qu'à rentrer en France. Il relâcha à l'île
Sainte-Catherine du Brésil, où la *Clorinde* débarqua
et rétablit tous ses scorbutiques sous l'influence
bienfaisante du climat et des fruits du tropique. Il
toucha le 7 septembre à Rio-Janeiro et rentra avec
sa division à Brest le 2 décembre 1823.

Le contre-amiral Roussin fut aussitôt appelé à
Paris. Il y reçut les éloges qu'il avait mérités dans
sa longue et laborieuse mission, et fut appelé à faire
partie de la commission consultative qui venait
d'être formée auprès du ministre de la marine. Au
mois de juin de l'année suivante, il alla prendre le
commandement d'une division dans l'escadre d'évolutions aux ordres du vice-amiral Duperré, laquelle,
après avoir manœuvré pendant trois mois dans
l'Océan et la Méditerranée, opéra son retour à
Toulon et désarma (1).

Il fut ensuite nommé membre du conseil d'amirauté formé en septembre 1824, et au mois de mars
1825 une ordonnance royale le fit commandeur de
la Légion d'honneur.

Pendant les quatre années qu'il siégea au conseil
d'amirauté, il prit une part active à l'adoption des
diverses institutions que réclamait depuis long-

(1) Appendice G.

temps la marine. Dans ce nombre sont : le rétablissement des préfectures maritimes, l'organisation des
équipages de ligne, la création des volontaires de la
marine, et l'établissement du vaisseau-école à Brest,
destiné à recevoir les élèves (1). Il présida la commission chargée de reviser et fixer les tarifs qui ser-
vent de base aux budgets de la marine ; et enfin il
participa à la rédaction de l'ordonnance du 31 octobre 1827 sur le service à la mer, dont il fut rap-
porteur.

Mais une importante mission le ramena à la mer.
Dans le courant de l'année 1825, l'empereur du
Brésil avait déclaré en état de blocus une grande
partie des côtes orientales de l'Amérique du Sud. Le
droit maritime ne reconnaît en principe que le blocus réel, et non cette fiction diplomatique qui tente
de rompre par une note ou un protocole les relations commerciales d'un pays. Plusieurs armateurs
français n'avaient pas tenu compte de cette significa-
tion, que repoussaient, d'ailleurs, tous les précédents
de notre législation extérieure. Les expéditions se
continuèrent donc dans ceux de nos ports qui
étaient en relation avec les pays déclarés en état de

(1) Il fit paraître un mémoire sur la nécessité et l'urgence de ramener
l'École navale, de la ville d'Angoulême où elle était placée, dans un port
militaire.

blocus; mais l'escadre brésilienne, stationnée devant Buenos-Ayres, captura successivement sept bâtiments du commerce français qui tentèrent d'y entrer. Sur les plaintes des propriétaires de ces navires, le ministre de France à Rio-Janeiro reçut l'ordre de réclamer des indemnités pour les pertes causées au commerce français par la prise de ces bâtiments. Ces demandes ayant été repoussées, le gouvernement crut devoir appuyer par la force les notes diplomatiques de son représentant, et, à cet effet, il ordonna l'armement à Brest de neuf bâtiments de guerre. Cette escadre fut composée ainsi : le vaisseau *le Jean Bart* de 74, les frégates *la Terpsichore, la Nymphe, l'Aréthuse* et *la Magicienne* de 44, les corvettes *l'Isis* et *la Railleuse,* et les avisos *le Cygne* et *l'Iris.* Le contre-amiral Roussin, qu'une longue croisière dans les mers pour lesquelles cette escadre était destinée recommandait au choix du Roi, fut désigné pour en prendre le commandement. Le ministre de la marine terminait ainsi la lettre par laquelle il lui annonçait sa nomination : « Sa Majesté « m'a expressément chargé de vous dire que pour « priver le conseil d'amirauté de vos lumières et de « votre expérience qui lui ont été si utiles jusqu'à « présent, il fallait qu'elle eût la conviction intime « qu'il n'était pas possible de faire un meilleur choix

« pour remplir la mission qu'elle vous confie (1). »

Le contre-amiral Roussin, ayant arboré son pavillon sur le *Jean Bart,* appareilla de la rade de Brest le 10 mai 1828, et arriva devant Rio-Janeiro le 5 juillet suivant. La *Railleuse,* qu'il avait expédiée quelques jours avant son départ pour prendre des informations sur l'état des esprits à Rio, le rejoignit la veille de son arrivée. Le capitaine lui remit des lettres du contre-amiral commandant la station navale et de plusieurs négociants français établis dans cette ville, dans lesquelles on l'informait que les bâtiments français capturés par l'escadre brésilienne avaient été déclarés de bonne prise, et qu'il n'y avait plus aucun espoir d'en espérer la restitution par la voie diplomatique. Le commandant de la station était d'avis de ne pas faire entrer l'escadre à Rio, et de n'employer aucun moyen hostile dans un moment où l'exaspération des esprits était portée à son comble contre les Français. Les négociants étaient divisés d'opinion : les uns voulaient que l'escadre entrât immédiatement ; les autres, qu'on entamât une négociation dont elle attendrait l'issue en dehors. Le contre-amiral Roussin pensa que ce dernier parti serait le plus désavantageux ; car il aurait le carac-

(1) Appendice H, I.

tère d'une hostilité réelle et donnerait lieu de croire
que la France, regardant le refus de restitution de
ses bâtiments comme sans appel, renonçait à employer les voies de conciliation. Il aurait de plus
l'inconvénient de blesser l'Empereur, en débutant
avec lui par la menace, et de renoncer ainsi à l'espoir
qu'on pouvait fonder sur l'élévation de son caractère, et peut-être aussi à l'idée de la bienveillance
qu'il portait au chef de l'expédition.

Enfin, s'il était vrai que l'escadre en entrant en
rade pût compromettre l'indépendance de ses manœuvres et qu'on pût exercer des hostilités contre
elle, ne pouvait-elle pas espérer de sortir sur la foi
des traités avant d'en venir à une rupture ouverte,
et, dans le cas où ce moyen lui échapperait, prendre
sur la rade même une position qui la mettrait en
mesure de priver la ville de ses approvisionnements
et même de la foudroyer de son artillerie? Ces considérations ayant prévalu dans l'esprit du contre-
amiral Roussin, il entra dans la rade de Rio-Janeiro,
mais en ligne de bataille et en branle-bas de combat.
Il salua le pavillon brésilien, et plaça ses bâtiments
devant la ville à trois cents toises des quais.

Cette attitude de l'escadre eut tout l'effet qu'on
devait en attendre. Tant que la justice et le droit ne
s'étaient étayés que sur des réclamations, on n'avait

opposé aux notes diplomatiques que les arrêts des
tribunaux; mais quand on vit la force les appuyer,
cet ultimatum prouva que les réclamations ne pouvaient plus être vaines. En effet, à peine vingt-
quatre heures s'étaient-elles écoulées que les cla-
meurs qui avaient précédé l'arrivée de l'escadre
s'étaient apaisées, et dans les Chambres même où
l'irritation avait été la plus vive, à peine se trouva-
t-il deux ou trois orateurs pour sommer le gouvernement de donner des explications sur l'entrée d'un si
grand nombre de bâtiments de guerre, et protester
contre cette violation du territoire brésilien. Ces
plaintes trouvèrent peu d'appui, et la question fut
enfin dévolue à ceux qui devaient la traiter. Toutefois, elle était devenue bien difficile pour le gouvernement brésilien. Non seulement il avait laissé con-
damner dans tous les degrés de juridiction les prises
faites sur le commerce français, mais encore il avait
tout récemment ratifié ces condamnations par un
décret impérial qui prononçait définitivement et
comme en dernier ressort. L'amour-propre national
pouvait lui demander compte de toute transaction
qui aurait méconnu l'autorité de la chose jugée, et
d'une autre part l'état des finances ne permettait
guère de grever le trésor de la dette considérable
que devait constituer la reconnaissance de l'illégalité

des prises. Dans cet état de choses, l'impossibilité d'une solution diplomatique paraissait tellement démontrée que le ministre français était au moment de demander ses passeports lorsque l'escadre intervint.

Voici les points que la France prétendait faire reconnaître par le gouvernement brésilien d'après le droit public français : « 1° Qu'en matière de blo- « cus, les navires neutres ne doivent pas se regar- « der comme suffisamment avertis par la significa- « tion diplomatique faite à leur gouvernement pour « qu'ils doivent s'abstenir de se diriger sur le port « bloqué, et qu'ainsi ils ont le droit de venir s'assu- « rer eux-mêmes de la réalité de ce blocus, et s'il « y a empêchement matériel à entrer dans ce port ; « 2° que l'escadre brésilienne devant la Plata ayant « méconnu ce principe en saisissant nos bâtiments « à leur première apparition, la France exigeait leur « restitution, ainsi qu'un dédommagement des pertes « causées aux capturés par le fait de leur arresta- « tion. » C'est sur ces bases que le contre-amiral Roussin avait ordre d'ouvrir de nouvelles négociations. A la vérité, les instructions dont il était porteur, ainsi que celles adressées au ministre de France à Rio, autorisaient quelques concessions, et le gouvernement français consentait à céder sur

quelques-unes de ses prétentions, s'il était reconnu
impossible de les faire admettre sans en venir à
une rupture que l'intérêt de son commerce voulait
qu'on évitât. Cependant, bien que ses instructions
parussent apporter quelques modifications à la doctrine protectrice des intérêts des États neutres, le
contre-amiral Roussin pensa qu'elles ne pouvaient
être admises que lorsqu'il aurait fait tous ses efforts
pour soutenir le principe, et qu'en raison de l'impression produite par la présence de son escadre,
le moment de transiger n'était pas encore venu. Il
se décida donc à adopter les bases précédemment
posées. Toutefois, ce ne fut pas avec le ministère
brésilien qu'il voulut traiter, mais avec l'Empereur
lui-même, et à cet effet il lui écrivit pour lui
demander une audience, qui lui fut accordée immédiatement.

Elle eut lieu au palais de Saint-Christophe, le
12 juillet. L'accueil de dom Pedro fut des plus
bienveillants. Il fit à l'amiral l'éloge de son ouvrage
le Pilote du Brésil, dont il avait eu l'occasion, lui
dit-il, de vérifier lui-même l'exactitude dans plusieurs voyages sur les côtes. Il l'en remercia, et
ajouta « qu'il était bien aise de pouvoir l'assurer de
« nouveau de sa satisfaction et de sa bienveil-
« lance ».

Après avoir exprimé ses remerciements à l'Empereur, le contre-amiral Roussin lui demanda la permission de lui exposer l'objet de sa mission.

« Le motif, Sire, de l'expédition qui m'est con-
« fiée est la mésintelligence survenue entre la
« France et le gouvernement de Votre Majesté;
« mésintelligence malheureuse entre deux pays
« évidemment intéressés à se favoriser réciproque-
« ment : le Brésil, unique monarchie d'Amérique,
« pour obtenir l'amitié de la première monarchie
« d'Europe, et la France, pour trouver au Brésil
« un débouché utile à sa population, ainsi qu'aux
« produits de son sol et de son commerce.

« L'Empereur verra que, décidé à l'obtenir, le
« Roi emploie d'abord tous les moyens possibles de
« conciliation. C'est dans cette vue qu'il a chargé
« de ses ordres un officier connu de Votre Majesté,
« honoré de ses bontés, et qui est autorisé à lui
« exprimer la douleur qu'il éprouverait si sa mission
« devait se terminer par une rupture aussi fâcheuse
« pour le Brésil qu'elle serait affligeante pour le
« cœur du Roi. »

L'Empereur avait écouté ces paroles en silence, sans laisser voir l'impression qu'elles avaient pu faire sur son esprit; mais elle avait été profonde et favorable, et, après un moment de repos, il répondit :

« Oui, monsieur Roussin, il est vrai, de fâcheux
« différends se sont élevés entre la France et nous,
« et ils ont duré trop longtemps ; mais je veux les
« terminer, j'en sens l'à-propos. Cela ne peut plus
« se faire que par un traité, une convention. Nous
« ferons donc un traité qui terminera tous ces débats.
« Je sais que le roi de France me veut du bien ;
« il l'a dit fréquemment à mon envoyé à Paris, et
« je connais le prix de ces sentiments. »

Cette réponse faite avec l'accent de la sincérité
donna au contre-amiral Roussin l'assurance du
succès de sa mission. Dès le soir même, en effet, le
ministre brésilien reçut les ordres de l'Empereur,
et en moins de huit jours un traité (1) fut conclu,
qui, en faisant droit aux demandes de la France,
rétablissait les relations amicales qui existaient
naguère entre les deux pays.

La bienveillance personnelle que l'Empereur
avait témoignée à l'amiral Roussin reçut une écla-
tante confirmation, peu de temps après la conclusion du traité. Dom Pedro accepta un dîner à bord
du *Jean Bart*. Le 9 septembre, Sa Majesté s'y
rendit avec une partie de sa cour. Elle y passa plu-

(1) Ce traité, en consacrant sur le blocus un principe conservateur des
droits des neutres toujours maintenu par la France, assurait aux négociants français la restitution de leurs bâtiments capturés et une indemnité
proportionnée à leurs pertes.

sieurs heures, et témoigna en se retirant toute sa
satisfaction de la manière dont elle avait été reçue.

Le contre-amiral Roussin rendit compte au
ministre de l'heureuse issue de sa mission, et le Roi,
voulant lui donner un témoignage de l'approbation
de sa conduite en cette circonstance, le nomma de
son propre mouvement gentilhomme honoraire de
sa chambre (1).

Après la conclusion du traité, la station du Brésil
n'offrant plus qu'un intérêt secondaire, le gouvernement jugea convenable d'en réduire la force. Le
contre-amiral Roussin fut rappelé en France, et il
opéra son retour à Brest le 11 septembre 1829 sur
le vaisseau *le Duquesne,* envoyé à sa disposition. Par
une ordonnance royale du 13 du même mois, il fut
rappelé au conseil d'amirauté, et le 4 novembre
suivant il reçut la décoration de commandeur de
Saint-Louis.

Au mois de janvier 1830, l'Académie des sciences
l'admit dans son sein, à la majorité de quarante-huit
voix sur cinquante-trois votants, comme membre
de la section de géographie et de navigation, et le
Roi confirma sa nomination par une ordonnance
du 13 février suivant.

(1) Appendice H, II, III, IV, V.

Lorsqu'au commencement de l'année 1830, on agita la question d'une expédition contre Alger, le contre-amiral Roussin fut appelé plusieurs fois au conseil des ministres pour donner son avis sur cette opération. Il l'exprima avec la franchise qui était dans son caractère. Selon lui, l'expédition projetée était inopportune sous le double rapport du trop peu de temps qu'on avait pour la préparer, et de l'époque de la saison dans laquelle on serait forcé d'agir. La côte d'Alger, dont le gisement est est et ouest, se trouve directement opposée aux vents du nord qui règnent le plus fréquemment dans ces parages. Il était donc indispensable d'y arriver entre la fin d'avril et le commencement de juin, seule période de l'année pendant laquelle, selon l'expérience, on pouvait espérer rencontrer des circonstances de temps favorable; et il était douteux qu'étant alors au milieu de février, on pût réunir à Toulon pour cette époque le nombre de bâtiments de guerre et de transports nécessaires à l'embarquement de trente-cinq mille hommes, de quatre mille chevaux et de l'immense matériel qui devait les accompagner. Il concluait donc, et son avis était partagé par deux autres officiers généraux de la marine consultés comme lui, qu'une telle expédition aussi précipitée présentait plus de chances défavorables que de probabilités de succès. Cependant, lorsqu'elle fut résolue, le contre-amiral Roussin fit connaître au ministre qu'il était prêt à en faire partie, heureux, ajouta-t-il, de s'associer encore une fois aux travaux et à la gloire de l'amiral Duperré qu'il avait suivi et secondé déjà dans plusieurs circonstances importantes de sa carrière. Toutefois, ses désirs à cet égard ne se réalisèrent pas. On sait quel résultat heureux eut l'expédition d'Alger, mais son succès même ne peut pas détruire la sagesse des objections élevées contre elle, et les contrariétés nombreuses qu'éprouva la flotte avant de pouvoir prendre position à la côte, prouvent combien ces objections étaient fondées.

Les événements de juillet 1830 changèrent la situation de la France. Le 2 août, le contre-amiral Roussin fut mandé au Palais-Royal, où de hautes fonctions lui furent offertes. Il se montra sensible à cette marque honorable de la confiance du lieutenant général du royaume, mais il représenta que, nommé récemment gentilhomme honoraire de la chambre du Roi, il ne pouvait cesser de le servir que quand il serait délié de son serment. Cette condition s'étant trouvée remplie par l'abdication du roi Charles X, le contre-amiral Roussin crut pouvoir continuer à servir son pays.

Le 1er septembre suivant, il fut appelé au conseil d'amirauté qui venait de recevoir une nouvelle organisation, et il fut, en même temps, nommé directeur du personnel de la marine; mais bientôt une ordonnance royale du 12 novembre 1830 l'appela aux fonctions de préfet maritime à Brest. A son arrivée dans ce port, il eut à faire mettre à exécution l'ordonnance du 8 novembre qui organisait les ouvriers de la marine en bataillons. La malveillance avait présenté cette nouvelle organisation comme injurieuse pour les ouvriers, en ce qu'elle les retirait du service de la garde nationale dont ils faisaient alors partie; mais le contre-amiral Roussin parvint à les détromper et à ramener l'ordre. Les oppositions cessèrent, l'autorité administrative prévalut, et les troubles qui avaient existé avant l'arrivée du préfet maritime firent place à la plus parfaite tranquillité. A cette époque, éclatèrent à Brest les fléaux du typhus et du choléra qui sévirent si cruellement. Les habitants de cette ville et surtout les pauvres n'oublièrent pas le dévouement et la générosité dont le préfet donna des preuves en cette circonstance, et qui lui concilièrent l'attachement et la reconnaissance de toutes les classes de la société. Par une ordonnance du 26 avril 1831, il fut nommé grand officier de la Légion d'honneur.

Depuis quelque temps, l'usurpateur du trône du Portugal donnait à la France de justes sujets de plainte. Le gouvernement résolut d'envoyer une escadre à Lisbonne pour demander des réparations. Cette mission à la fois diplomatique et militaire exigeait de la part de celui à qui elle devait être confiée, une grande modération unie à une grande fermeté. Le choix du Roi tomba sur le contre-amiral Roussin, qui déjà, dans son expédition du Brésil, avait donné la preuve qu'il réunissait ces deux qualités.

Le 8 juin 1831, il arbora son pavillon sur le vaisseau *le Suffren,* de 90, et le 16 du même mois, malgré la persistance des vents directement contraires, il appareilla et sortit du goulet en louvoyant. C'était la première fois qu'un vaisseau de cette force sortait de la rade de Brest avec des vents debout. Les règlements locaux même en défendaient la tentative; mais il était préfet maritime, il prit sur lui la responsabilité de cette innovation qui réussit. Il eut encore à lutter contre les vents pendant quelques jours, et ce ne fut que le 25 qu'il arriva en vue du cap La Roque, où il trouva une division de cinq bâtiments français qui croisait devant le Tage et devait se ranger sous son commandement. Le commandant de cette division lui rendit compte que

le gouvernement portugais, persistant dans ses refus
de satisfaction, faisait à Lisbonne de grands préparatifs de défense. Les instructions de l'amiral Roussin lui enjoignaient de croiser devant le cap Sainte-
Marie pour y attendre une division de cinq vaisseaux
et trois frégates qui devait l'y joindre ; mais les renseignements qu'il venait de recevoir le déterminèrent à rester devant le Tage, tant pour y prendre
connaissance des localités sur lesquelles il aurait à
agir, que pour contenir l'escadre portugaise si elle
tentait de sortir. Il expédia, en conséquence, le
brick *l'Endymion* au cap Sainte-Marie pour y porter
l'avis de son arrivée devant le Tage et l'ordre au
contre-amiral Hugon de l'y rallier le plus tôt qu'il
pourrait. Pendant ce temps, l'amiral Roussin res-
serra le blocus. Une brume très épaisse et des vents
violents rendirent cette opération très pénible. Le
1er juillet, on eut connaissance d'un bâtiment à trois
mâts qui faisait route pour le Tage. Un brick de
l'escadre reçut l'ordre de le chasser. Le bâtiment se
réfugia sous la protection d'un des forts de Cascaës (1). Le brick continua sa chasse. Ce fort lui
tira plusieurs coups de canon. Cette circonstance

---

(1) Cascaës est un bourg du Portugal sur l'océan Atlantique, à l'ouest-
nord-ouest de l'embouchure du Tage et à six lieues de Lisbonne ; son petit
port est défendu par deux forts.

détermina les rapports qui existaient entre la France
et le Portugal. L'initiative de l'attaque prise par le
fort de Cascaës prouvait qu'ils devaient être hostiles,
et pour dissiper à son tour tous les doutes sur la
nature de ses opérations futures, le contre-amiral
Roussin riposta. Le *Suffren* et la *Melpomène* s'avan-
cèrent, et envoyèrent plusieurs volées au fort, qui y
répondit. Au bout de trois quarts d'heure d'engagement, le bâtiment portugais amena son pavillon et
fut amariné.

Le 6 juillet, la division aux ordres du contre-
amiral Hugon, venant de Toulon, opéra sa jonc-
tion. L'escadre alors se trouva composée des
vaisseaux *le Suffren,* de 90, portant le pavillon de
l'amiral Roussin, *le Trident,* de 74, celui du contre-
amiral Hugon, *le Marengo,* de 74, *l'Algésiras,* de
80, *l'Alger,* de 74, *la Ville de Marseille,* de 74; des
frégates *la Melpomène,* de 60, *la Pallas,* de 60, *la
Didon,* de 60; des corvettes *l'Églé* et *la Perle,* et
des bricks *le Dragon* et *l'Endymion* (1). L'amiral
alla mouiller dans la baie de Cascaës avec deux
vaisseaux et une frégate, laissant le reste de l'escadre en croisière au cap La Roque sous le commandement d'un capitaine de vaisseau. Le séjour

(1) Appendice I, I.

à ce mouillage fut employé par l'amiral à préparer
son plan d'attaque et à donner les instructions qui
devaient guider les capitaines dans les opérations
qu'ils allaient avoir à exécuter. Toutes ses dispositions faites, il rappela le reste de ses bâtiments au
mouillage, et l'y maintint pendant quarante-huit
heures, afin que de Lisbonne, qu'on relevait à trois
lieues dans l'est-nord-est, on pût juger de la force
de l'escadre.

Des vents contraires mettant obstacle à son
appareillage, l'amiral mit ce retard à profit pour
envoyer un bâtiment parlementaire porteur de
dépêches pour le ministre des affaires étrangères de
Portugal. Par cette démarche, l'amiral donnait la
preuve de sa modération, en même temps qu'elle
allait déterminer définitivement la nature des relations entre la France et le Portugal, en obligeant
ce dernier à décider lui-même la paix ou la guerre.
Le capitaine était aussi porteur de lettres pour les
consuls étrangers dans lesquelles l'amiral les in-
struisait de la nature de sa mission, afin qu'ils en
fissent part à leurs compatriotes et les engageassent
à éloigner leurs bâtiments (1).

Le 10 juillet, le brick *le Dragon* rejoignit l'es-

(1) Appendice I, II.

cadre, rapportant la réponse du ministre de Santarem. Les réclamations de la France étaient reje-
tées : le Portugal en appelait à la force.

Si les vents eussent été favorables, l'amiral
Roussin appareillait à l'instant même ; mais dès le
lendemain, à dix heures du matin, leur direction
ayant légèrement varié, et l'amiral espérant en profiter, il fit signal de lever l'ancre et de former l'ordre
de bataille.

On peindrait difficilement l'ardeur et l'enthousiasme qui se manifestèrent à ce moment dans l'escadre. La précision qu'exigent les opérations
navales se fit remarquer au plus haut degré à bord
de tous les bâtiments, et à deux heures l'escadre,
sous une forte brise de nord-nord-ouest, entrait
dans le Tage, se dirigeant entre les forts Saint-Julien
et Bugio.

D'après les instructions de l'amiral, ce dernier
fort devait être combattu par les frégates et les corvettes, pendant que les vaisseaux porteraient tout
leur effort sur Saint-Julien. Lorsque l'escadre fut
parvenue par le travers de ces deux citadelles, elles
ouvrirent leurs feux. L'escadre continua sa marche
pendant dix minutes encore sans riposter ; mais
alors, en un instant, le fort Saint-Julien fut couvert
d'une masse de boulets partant des six vaisseaux à

la fois, et dont un nuage de pierres et de sable
attesta les effets. La tour de Bugio, aussi vigoureu-
sement attaquée par les frégates et les corvettes,
ralentit bientôt son feu, et en moins d'une demi-
heure ces deux forts furent réduits au plus triste
état. Tous ceux que l'escadre prolongea en s'avançant dans le Tage éprouvèrent le même sort. Elle
arriva ainsi en bon ordre et sans éprouver de graves
avaries, par le travers de Paço d'Arcos, où les
deux vaisseaux de tête, trompés par un signal,
mouillèrent un moment; mais, presque aussitôt, suivie de ces deux vaisseaux, l'escadre continua sa
route pour Lisbonne, rangea la citadelle de Belem
à soixante toises, la combattit vivement, et abattit
son pavillon. Après l'avoir dépassée, ne trouvant
plus devant lui que des édifices particuliers et le
nouveau palais du Roi, l'amiral fit cesser le feu. A
ce moment, on aperçut l'escadre portugaise (1)
embossée entre la ville et la pointe de Pontal. Il
ordonna à trois de ces vaisseaux, ainsi qu'aux frégates et corvettes, de s'y porter et de la combattre.
Dès les premières volées, les bâtiments qui la com-
posaient, après avoir tiré quelques coups de canon,
amenèrent leurs pavillons, et furent amarinés.

(1) Elle se composait d'un vaisseau de 74, quatre frégates et quatre
corvettes ou bricks.

A cinq heures, l'escadre française était mouillée sous les quais de Lisbonne devant le palais du gouvernement. L'amiral alors envoya son chef d'état-major à terre avec sa dernière sommation. Les bases du traité proposé furent les mêmes qu'avant la victoire (1). Vaincu par la force autant que par la générosité, le gouvernement portugais céda, et, quelques heures après, l'amiral reçut une adhésion entière à toutes les demandes de la France. Ainsi venait de disparaître le prestige qui, sans doute, avait excité l'orgueil de ce gouvernement, et qui était partagé par toute l'Europe : l'inexpugnabilité du Tage du côté de la mer (2).

Le 14 juillet fut signé à bord du *Suffren* un traité dont les articles principaux portaient : « la « mise en liberté de tous les Français détenus « pour motifs politiques ; l'annulation de leurs sen- « tences et la destitution des juges qui les avaient « rendues ; la destitution du chef de la police ; « des indemnités pour les pertes éprouvées par « les négociants français, et le payement immé- « diat d'une somme de huit cent mille francs pour « les frais de l'expédition; stipulant en outre que « ce traité serait publié dans le *Journal officiel*

(1) Appendice I, II.
(2) Appendice I, III.

« et affiché dans les rues de Lisbonne (1). »

La nouvelle de ces événements parvint à Paris la veille de l'ouverture de la session des Chambres pour 1831, et la mention qui en fut faite dans le discours de la couronne (2) excita un mouvement général de satisfaction. Ce fait d'armes est à juste titre considéré comme une des actions les plus brillantes dont puisse se glorifier la marine française dans les temps modernes. Par ordonnance du 26 juillet, le baron Roussin fut promu au grade de vice-amiral.

La mission qui l'avait amené dans le Tage étant terminée, l'amiral utilisa le séjour qu'il devait encore y faire en traitant de plusieurs objets d'intérêt national. Il obtint l'établissement à Lisbonne d'un agent français chargé des relations commerciales en attendant le rétablissement du consul titulaire, et parvint à faire abolir plusieurs usages vexatoires auxquels étaient astreints les Français, tant à leur arrivée que pendant leur séjour en Portugal.

Les huit bâtiments de guerre portugais étaient tombés au pouvoir de l'escadre française qui les avait combattus. L'amiral proposa au gouvernement de dom Miguel de les lui rendre s'il consentait à lui

(1) Appendice I, II.
(2) Appendice I, IV.

livrer un certain nombre de détenus politiques portugais qu'il désigna, sous la promesse par eux d'observer une scrupuleuse neutralité pour l'avenir.
Cette offre était assurément honorable de la part de
l'amiral, et prouvait une grande modération après le
succès. Tout portait à croire qu'elle serait acceptée,
mais il en fut autrement. Après vingt jours de pour-
parlers, le gouvernement de dom Miguel refusa (1).

Dans les premiers jours du mois d'août 1831,
l'amiral reçut les ordres qui le rappelaient en France,
et il se disposa à quitter le Tage. Les instructions
qui lui étaient adressées, relativement aux bâtiments
portugais capturés par l'escadre, lui donnaient la
latitude de n'en emmener qu'une partie. C'était, de
la part du gouvernement français, une reconnaissance de la légalité de leur capture; mais l'amiral
Roussin, d'après la proposition qu'il avait faite et
qui avait été rejetée, aurait pu être taxé de mauvaise
foi si maintenant il eût rendu ces bâtiments sans
conditions. Il venait, d'ailleurs, d'acquérir la certitude que, malgré le traité, le gouvernement portugais avait donné l'ordre d'agir hostilement contre
l'escadre, si, en quittant le Tage, elle emmenait les
bâtiments capturés (2), et l'exécution de ce projet

(1) Appendice I, II.
(2) *Ibid.*

eût été facile, d'après les nombreuses positions cul-
minantes et fortifiées qui commandaient de tous
côtés l'escadre française à son mouillage devant
Lisbonne. Le 18 août, les vents étant favorables,
l'amiral fit sortir les huit prises portugaises sous
pavillon français, prescrivant aux capitaines de
l'attendre en dehors du Tage. Il n'appareilla lui-
même que le lendemain à midi, et sortit sans qu'aucune hostilité fût commise contre lui. Il conduisit
l'escadre et ses prises à Brest, où elles entrèrent le
4 septembre, aux acclamations de toute la ville. Cette
campagne avait duré moins de deux mois.

Contrairement à tous les antécédents, le ministre
n'appela point l'amiral à Paris, et il reçut l'ordre de
reprendre les fonctions de préfet maritime à Brest.
Mais, par une ordonnance du 11 octobre 1832, il fut
nommé pair de France. Les Chambres étant convo-
quées, et son devoir l'appelant à coopérer à leurs
travaux, il se rendit à Paris. A son arrivée, il prêta
entre les mains du Roi le serment qu'exigeaient
ses nouvelles fonctions. Le Roi donna des éloges à
son expédition de Lisbonne, et, pour lui témoigner
sa satisfaction sur les résultats de cette campagne,
il ordonna que l'un de nos vaisseaux de premier
rang reçût le nom de *Tage,* afin de perpétuer le souvenir de ce beau fait d'armes. Pendant son séjour à

Paris, il fut nommé membre du Bureau des longitudes, en remplacement du vice-amiral de Rosily.

A cette époque, les événements d'Orient exi-
gèrent la présence à Constantinople d'un homme à
la fois prudent et énergique; le choix du roi Louis-
Philippe se fixa sur le vice-amiral Roussin, et, par
ordonnance du 14 novembre 1832, il le nomma son
ambassadeur en Turquie.

L'amiral terminait sa carrière maritime de quarante ans, durant laquelle on peut dire qu'il n'a eu à
expier ni une faute ni même un malheur.

II

Le vice-amiral baron Roussin a été nommé à l'ambassade de Constantinople par ordonnance royale du 22 décembre 1832. Parti le 1ᵉʳ janvier 1833 pour sa destination, il y est arrivé le 17 février suivant : ayant relâché à Malte, il y avait appris la perte de la bataille de Koniah par l'armée ottomane, le 22 décembre.

A cette époque, et depuis deux ans, la guerre existait entre le Sultan et le pacha d'Égypte; après des succès aussi nombreux que rapides, l'armée égyptienne victorieuse à Homs, à Baylan, à Saint-Jean d'Acre et enfin à Koniah, avait détruit ou dispersé la dernière armée turque : le grand vizir Réchid-Méhémet Pacha était blessé et prisonnier, et Ibrahim Pacha, maître d'une grande partie de l'Asie Mineure, n'était plus qu'à dix journées de Constantinople, sans qu'aucun obstacle sérieux existât pour l'arrêter. A cette époque, les populations turques étaient favorables à Méhémet-Ali, et son armée victorieuse aurait probablement pénétré jusqu'à Constantinople à l'aide du prestige attaché alors à son nom, s'il eût continué d'avancer. Cependant, les esprits réfléchis prévoyaient déjà que, fût-il parvenu à détrôner le Sultan, il ne se serait pas maintenu au pouvoir suprême, car le fanatisme musulman ne pouvait voir en lui le descendant du Prophète comme l'était le sultan Mahmoud ; et son succès eût probablement profité à une autre ambition que la sienne. L'Empire ottoman se trouvait donc à deux doigts de sa perte, et il y avait urgence de terminer une lutte qui, épuisant ses plus précieuses ressources, menaçait de l'effacer de la carte de l'Europe. Il fallait se prononcer entre le Sultan et le pacha d'Égypte.

Le vice-amiral Roussin pensa que dans le Sultan seul résidait encore le principe de ce qui restait de vie en Orient, mais à la condition expresse d'en rassembler les éléments et d'écarter tout ce qui pouvait leur porter atteinte. Selon lui, l'établissement du pacha d'Égypte devait être favorisé, comme élément musulman, mais en le subordonnant au Sultan, sous peine d'accroître l'anarchie dans l'empire et de hâter sa dissolution.

Méhémet-Ali avait en France de nombreux par-

tisans; des souvenirs populaires se rattachaient à
l'Égypte depuis notre glorieuse expédition de 1798;
un intérêt commercial réel, mais que les imagina-
tions (dans nos provinces méridionales surtout)
grossissaient dans un avenir trop rapproché, une
appréciation irréfléchie des ressources de ce pays et
de l'homme appelé à les développer, militaient en sa
faveur.

De son côté, le Sultan s'appuyait sur un droit politique et un sentiment religieux très prononcés, premiers fondements des États. L'Empire ottoman,
depuis deux siècles, contribuait à l'équilibre de
l'Europe en la partageant et était encore un des
premiers besoins politiques de l'époque. On devait
donc conserver, raffermir sur le Bosphore (c'est-à-
dire sur un des points du globe les plus enviés) cette
force inerte, mais compacte, qui pouvait seule l'empêcher de devenir le théâtre d'une lutte qui serait
interminable si elle commençait : il n'y avait plus de
temps à perdre pour réunir les éléments de cette
force et les coordonner entre eux.

Cette politique était indiquée, il est vrai, dans les
instructions remises au vice-amiral Roussin, mais
assez vaguement pour ne pas lui laisser beaucoup
d'irrésolution. Toutefois, il n'en montra aucune, tant
le danger lui parut grand et prochain. Outre les

motifs qui, à ses yeux, devaient faire donner la préférence au Sultan sur le pacha d'Égypte, il prévit par l'ombrage que celui-ci donnait à l'Angleterre, dont il contrariait les vues sur l'isthme de Suez et le cours de l'Euphrate, qu'il nous attirerait de graves embarras et peut-être même une guerre européenne, si nous voulions le soutenir envers et contre tous. Il jugea qu'une telle alliance ne nous rendrait pas ce qu'elle nous aurait coûté dans l'hypothèse probable d'un grand conflit; et il conclut que notre intérêt, comme celui de l'Europe, était de maintenir l'Empire ottoman, tant que l'impossibilité n'en serait pas démontrée. Cette politique lui parut être celle du moment, et l'adoptant par conviction et sans en dévier d'un seul jour, son langage et sa conduite à Constantinople n'ont pas cessé de tendre à la faire prévaloir.

Il n'a pas été, comme la presse le lui a si injustement reproché, l'ennemi du pacha d'Égypte, car, au contraire, il a beaucoup contribué à le faire ce qu'il a été (1); mais en le grandissant comme élément musulman, il voulait le subordonner au chef de l'Empire. C'était la conséquence logique du principe adopté.

(1) En conseillant au Sultan de consentir à l'arrangement de Kutayé et plus tard de lui accorder l'hérédité du gouvernement de l'Égypte.

C'est dans cette vue que, quatre jours après son
arrivée à Constantinople, le vice-amiral Roussin a
cherché à faire la paix entre le Sultan et le pacha
d'Égypte aux conditions consenties par le premier
lorsque, après l'impolitique refus des cabinets de
Londres et de Paris, il avait demandé secours à
l'empereur Nicolas, et que cette démarche avait
amené une escadre russe dans le Bosphore, à la stu-
péfaction des puissances qui n'avaient rien fait pour
le prévoir et l'empêcher.

Le Sultan, en effet, consterné par les succès
d'Ibrahim Pacha, ayant vainement sollicité l'appui
de la France et de l'Angleterre, s'était adressé à la
Russie, et l'escadre mouillée dans le Bosphore était
l'avant-garde d'un corps expéditionnaire qui se réunissait à Sébastopol, tandis que l'armée russe se
rapprochait du Danube, apportant sa dangereuse
protection.

En présence de cette situation, la conduite de
l'ambassadeur de France ne lui parut pas douteuse.
Après avoir protesté contre l'entrée des Russes
dans le Bosphore et menacé de se retirer, il fit comprendre à la Porte que la présence de forces étrangères sur le territoire ottoman ôtait à l'Empire toute
indépendance, et l'amena à conclure une convention
par laquelle le Sultan s'engageait à renoncer de

suite au secours de la Russie et à demander le rappel de ses vaisseaux, si la France réussissait à faire la paix entre Constantinople et Alexandrie, aux conditions déjà offertes par le Sultan. L'amiral Roussin n'hésita pas à essayer de cette solution. Il adressa à Ibrahim Pacha la demande d'arrêter son armée, et envoya à Méhémet-Ali son aide de camp porteur des propositions de paix. Il pensait que plusieurs puissances européennes s'intéresseraient au succès de cette tentative, et il devait compter qu'au moins de la part de la France une pression opportune serait exercée à Alexandrie. Malheureusement, il n'en fut rien, et, grâce à l'inertie des cabinets de France et d'Angleterre, et surtout à l'aveugle faiblesse de notre consul chargé d'affaires en Égypte, Méhémet-Ali refusa de traiter aux conditions qui lui étaient offertes.

Le Sultan, d'ailleurs, n'avait pas tenu son engagement d'éloigner l'escadre russe; au contraire, des troupes étaient arrivées de Sébastopol sans aucune opposition du Divan; l'ambassadeur de France se trouvait ainsi libéré des obligations qu'il avait contractées de son côté; mais, profondément convaincu qu'il n'y avait pas d'autre moyen de repousser l'intervention russe que de faire la paix entre le Sultan et son vassal, il pressa la Porte de faire de nouvelles

concessions en reprenant les négociations. Il obtint
un adoucissement aux contre-propositions présentées par Méhémet-Ali, et il arriva enfin à faire conclure l'arrangement de Kutayé, qui maintenait le
débat dans les mains musulmanes et décidait en
même temps l'expulsion de l'armée égyptienne de
l'Asie Mineure et de l'armée russe du Bosphore.
Ces importants résultats ont été incontestablement
dus à l'initiative hardie de l'ambassadeur de France.

L'arrangement de Kutayé fut la part du feu, qui
pour cette fois sauva l'édifice. Les démarches auxquelles il donna lieu avaient retardé de quarante
jours l'arrivée des troupes russes dans le Bosphore
et laissé par conséquent aux puissances intéressées
d'Europe le temps de prendre un parti, mais elles
n'en prirent aucun.

Enfin, cet arrangement assurait un long repos à
l'Orient si la France et l'Angleterre voulaient en
garantir la durée. Le vice-amiral Roussin s'appliqua
pendant son ambassade à en faire remplir les conditions, soit en pressant le pacha d'Égypte de payer
son tribut, soit en détournant le Sultan de l'attaquer
et de recommencer la guerre.

Voulant ramener à celui-ci la sympathie des
cabinets intéressés à son existence politique, il lui
conseilla et en obtint de racheter Silistrie par l'acquit-

tement de sa dette envers la Russie, afin de recouvrer
sa frontière du Danube et l'intégrité de son territoire,
dangereusement compromise par le traité d'Andri-
nople. Toujours préoccupé de rapprocher les éléments musulmans, en 1836 il fit entendre à la Porte
le premier mot d'hérédité du gouvernement de
l'Égypte en faveur de Méhémet-Ali, en lui démon-
trant l'avantage de s'en faire un allié plutôt qu'un
ennemi (1). C'était un résultat immense, quand on
considère le caractère altier du Sultan, et qui décida
l'ambassadeur à se rendre à Paris pour presser son
gouvernement de se faire l'intermédiaire de cette négociation ; mais malheureusement l'Angleterre, avec
qui l'on voulut s'associer, déjà livrée à une arrière-
pensée contre nous, refusa son concours ; et, pendant ce délai, une intrigue de sérail porta le Sultan à
traiter directement à Alexandrie, où il échoua, comme
on devait s'y attendre du manque de confiance entre
les deux parties. Cet incident eut toutefois l'avantage de montrer la seule voie de salut qui restait à
prendre dans la question d'Orient, la réconciliation du Sultan et de Méhémet-Ali. En même temps
le refus de concours de l'Angleterre dévoila le
secret d'un désaccord entre nos deux gouverne-

(1) Appendice J, I.

ments et de la conduite hostile de l'ambassadeur
anglais à Constantinople, conduite que le vice-
amiral Roussin avait signalée sans cesse depuis trois
ans sans qu'on en eût tenu compte, et dont on ne
s'occupa pas davantage, malgré ce dernier avertissement.

Prévoyant que ce qui s'était passé à Alexandrie
rendrait le rapprochement plus difficile que jamais,
le vice-amiral Roussin balançait à retourner à Constantinople, et ne s'y rendit que par obéissance.

Il y persista dans sa politique précédente. Voulant
rendre au Sultan les sympathies des populations
aliénées par les vices de l'administration, il lui
montra les funestes résultats des monopoles commerciaux qui ruinaient le pays en frappant l'agricul-
ture et l'industrie. Et renouvelant ces représentations
dont il avait pris l'initiative dès son arrivée à Constantinople, il prépara le traité du 25 novembre 1838,
qui a supprimé tous les monopoles en Turquie (1).

Cette conduite, en fixant le Sultan sur les sentiments amis de la France et en procurant à la
Turquie, par l'arrangement de Kutayé, un repos de
six ans, pendant lequel ses ressources se sont
accrues, avait été également favorable à l'attitude

(1) Appendice J, II.

du vice-amiral Roussin et aux nombreux intérêts qui lui étaient confiés. Frappé de l'utilité et du désintéressement de ses conseils, le Sultan lui en avait su gré et donné de sa confiance des témoignages nombreux ; à aucune époque les intérêts français n'ont joui de plus de faveur. Dans ce pays, où la vénalité des agents du pouvoir, l'insuffisance et le caprice des lois exposent si souvent aux vexations et à l'arbitraire, nos nationaux et les populations placées sous notre patronage ont été préservés de tout dommage ; aucune plainte fondée n'est restée sans satisfaction, et si quelques tentatives de violence ont encore eu lieu, elles ont été réprimées aussitôt que signalées.

Des réclamations que des refus prolongés, motivés même par une pénurie réelle de ressources et par des arguments qui n'étaient pas sans valeur, menaçaient de déchéance ou de désuétude, ont été liquidées à notre satisfaction. Tel a été, entre autres, l'acquittement effectué en 1837 d'un reliquat important d'une somme due par le bey de Tripoli, d'après un traité qui datait de plus de six ans.

Antérieurement à cette réclamation, le vice-amiral Roussin avait obtenu du Sultan l'entrée d'un bâtiment de guerre dans la mer Noire, et s'il n'en fit pas usage, c'est uniquement parce que l'ambassadeur d'Angleterre avait voulu réclamer la même faveur, au risque de compromettre la Porte et nos intérêts communs.

Il a obtenu tous les firmans qu'il a demandés pour les catholiques grecs, arméniens, syriens et latins protégés de France, soit pour la reconstruction de leurs églises détruites par la guerre ou l'incendie, soit pour leur rendre les édifices religieux dont les sectes rivales les avaient dépouillés, soit pour faire décider à leur avantage des questions de préséance, d'immunités ou de coutume, importantes pour leur sécurité ou leur considération. Relativement à ces restitutions d'édifices religieux, il se passa, au mois de mars 1839, un fait jusque-là sans exemple. Des constructions illicites qui avaient dans Jérusalem même dénaturé les bâtiments auxquels on les avait ajoutées, ont été démolies, supprimées, et les lieux rétablis aux dépens de leurs auteurs, sur l'ordre obtenu par l'ambassadeur et aux cris de *Vive la France!* dont le patronage reçut en cette circonstance un éclat inusité. Enfin, la chapelle de l'Ascension située à Jérusalem avait été usurpée par les schismatiques arméniens, et la porte de Bethléhem avait été interdite aux religieux latins ; l'ambassadeur de France leur fit encore rendre l'usage de ces édifices.

Dans un autre ordre d'idées, il obtint du Divan

qu'il mît à la disposition d'un médecin français un
hôpital rempli de pestiférés, avec tous les moyens
nécessaires pour les traiter et faire des expériences
sur la peste.

Presque toujours les réclamations de l'amiral
étaient bien accueillies par la Porte. Il avait gagné
la confiance du sultan Mahmoud (1). L'attitude
de l'amiral Roussin avait triomphé des nombreuses difficultés attachées à notre situation dans
ce pays. Elle avait prévalu sur l'aigreur inséparable
de la question d'Alger et successivement de la prise
de Constantine et des questions de Grèce, de Tunis,
de Tripoli et d'Égypte. Notre influence à Constantinople n'en eût donc redouté aucune autre si elle
avait été secondée comme nous avions le droit de
l'attendre de l'agent d'un gouvernement qui se
disait notre ami, ou laissée seulement à elle-même;
mais loin de là, moins de trois mois après son
arrivée à Constantinople, l'ambassadeur d'Angleterre avait commencé à se séparer de nous. De son
propre mouvement d'abord, mais bientôt après évi-

---

(1) Lorsqu'au moment de sa mort Mahmoud apprit les désastres de son
armée de Syrie, il se rappela que le vice-amiral Roussin les lui avait pré-
dits. Il l'avoua à son fils et lui recommanda d'écouter les conseils de cet
ambassadeur, qui, dit-il, ne l'avait jamais trompé. En 1836, l'amiral reçut
la décoration du Nichan Iftihar, ainsi que tous les officiers de son ambassade.

demment par ordre de sa cour, il avait suivi une ligne de conduite complètement opposée à celle dont l'identité avec la nôtre était encore à Londres l'objet de protestations réitérées, mais qui n'avaient de sincérité qu'à nos yeux abusés.

Depuis l'arrangement de Kutayé, les hostilités matérielles avaient cessé entre Constantinople et Alexandrie, mais l'animosité restait vive entre le souverain et le vassal. Le vice-amiral Roussin s'efforçait de maintenir la paix entre eux ; l'ambassadeur d'Angleterre mettait tout en œuvre pour les brouiller de nouveau. Nous voulions conserver au pacha une force capable de contribuer à raffermir, à régénérer l'Empire ottoman en le réunissant au Sultan ; l'agent de l'Angleterre voulait le détruire complètement et lui substituer l'influence anglaise.

Cette différence de conduite entre les représentants de deux puissances dont l'intime union, seule, pouvait sauver le Sultan de l'influence russe en l'encourageant à y résister, a jeté ce souverain dans le désespoir ; abandonné à lui-même, il n'a plus entrevu de ressource que dans une nouvelle lutte avec son vassal. En 1839, ajoutant foi aux assurances de l'ambassadeur d'Angleterre, qui lui promettait de faire attaquer le pacha en Arabie et sur le golfe Persique, il a ordonné à son séraskier de commencer les hostilités sur l'Euphrate. Vainement le vice-amiral Roussin lui a prédit qu'il y trouverait sa perte, le Sultan a persisté, et l'on peut affirmer que c'est l'ambassadeur d'Angleterre qui l'a précipité dans l'abîme (1).

Les événements se pressèrent bientôt. La bataille de Nézib (24 juin) donnait une victoire complète à l'armée de Méhémet-Ali; quelques jours après, le sultan Mahmoud expirait (9 juillet), laissant le trône à un sultan de dix-neuf ans; et enfin, le capitan pacha, par une infâme trahison, allait livrer la flotte au pacha d'Égypte. La situation était grave au dernier point. Le pacha, enivré de sa fortune, annonçait qu'il ferait marcher son armée sur Constantinople; et l'Europe le croyait, tant elle était aveuglée à son sujet; mais l'ambassadeur de France n'y croyait pas, car il savait que l'armée égyptienne n'avait aucun moyen de transport, et, en effet, il a été prouvé depuis que cette armée n'avait pas fait un pas six jours après la bataille de Nézib; mais le jeune sultan consterné, et la Porte aux abois, se décidèrent à tout offrir au pacha et à se sacrifier.

Alors, les puissances eurent à se prononcer, à donner de nouvelles instructions à leurs agents à

(1) Appendice J, III.

Constantinople pour les maintenir à leur poste ou
les rappeler, selon que leur conduite antérieure et
leurs dispositions actuelles cadraient avec leurs vues.
Le vice-amiral Roussin, approuvé par les quatre
ministères qui s'étaient succédé à Paris depuis le
commencement de sa gestion (1), avait reçu aussi
les éloges du cabinet du 12 mai. Et celui-ci fit
à son égard la manifestation la plus significative de
l'approbation qu'il donnait à sa politique en prenant
l'initiative, sur tous les autres gouvernements repré-
sentés à Constantinople, de lui envoyer ses lettres
de créance pour l'accréditer auprès du nouveau sultan. En même temps, il l'informa « qu'ayant échangé
« des notes diplomatiques avec les cabinets de
« Londres, de Saint-Pétersbourg, de Vienne, de
« Berlin, il avait résolu de reconnaître l'existence
« de l'Empire ottoman sous la descendance du sul-
« tan Mahmoud, et de le soutenir par tous les
« moyens en son pouvoir, lui prescrivant de tenir le
« même langage à ses collègues, ainsi qu'à la Porte,
« en invitant celle-ci à ne rien précipiter, à ne pas
« faire de concessions exagérées que les puissances
« ne reconnaîtraient pas, et d'attendre de leur intérêt
« pour elle une solution de la question orientale

(1) L'un d'eux l'a nommé grand-croix de la Légion d'honneur le 19 janvier 1836.

« favorable au Sultan et aux intérêts généraux de
« l'Europe (1) ».

Tel fut non seulement le sens, mais l'expression
presque textuelle des dépêches que reçut le vice-
amiral Roussin tant de Paris que de Vienne, où
notre ambassadeur avait ordre de lui en confirmer
le contenu. Il a donc dû croire qu'il ne pouvait
rendre un plus grand service au gouvernement du
Roi, que d'amener ses collègues de Constantinople
à constater l'accord existant entre les cinq grandes
puissances (2). Telle fut l'origine de l'acte du
27 juillet 1839 dont suit le texte :

« Les représentants soussignés, conformément
« aux instructions qu'ils viennent de recevoir, se
« félicitent d'avoir à informer les ministres de la
« Sublime Porte que l'accord entre les cinq puis-
« sances touchant la question orientale existe, et ils
« prient la Sublime Porte d'attendre les fruits de
« leurs dispositions bienveillantes pour Elle, de ne
« rien décider sur ladite question, sans leur con-
« cours. »

Signé par les cinq représentants de leur plein
gré, et sous la seule impulsion des instructions
qu'ils avaient reçues, cet acte fut notifié en commun

(1) Appendice J, V.
(2) Appendice J, IV et V.

à la Porte, puis en commun aussi à Méhémet-Ali, par l'intermédiaire de leurs consuls à Alexandrie. Un seul de ces représentants (celui de Russie) avait balancé un moment, alléguant le manque d'un ordre récent; mais il avait passé outre et signé comme ses collègues.

L'acte collectif du 27 juillet 1839 appartenait donc à tous au même titre; la spontanéité de sa rédaction et de sa signature prouve qu'il était conforme aux vues des cinq gouvernements, et ne fut que la constatation de leur accord préexistant. Et cet acte par lequel la Russie renonçait implicitement à son traité de Unkiar-Skélessi, qui affermissait le jeune sultan sur son trône par la déclaration des cinq grandes puissances, qui, tout rigoureux qu'il pût être pour l'ambition du pacha d'Égypte, l'assurait que la France serait au nombre de ses arbitres, cet acte, le vice-amiral Roussin le jugeait d'une bonne politique, et il ne doutait pas qu'appuyé avec la fermeté qu'on avait mise à en prendre l'initiative, il n'eût dominé la question. D'ailleurs, les bases en avaient été péremptoirement définies et posées par le cabinet du 12 mai, et l'amiral n'a fait qu'obéir.

Cela étant hors de doute, comment s'expliquer que vingt jours après qu'on eut appris à Paris sa

signature, le cabinet l'ait désavoué et ait rappelé
son ambassadeur? Cette question n'admet qu'une
seule réponse : « La presse a blâmé l'acte du
« 27 juillet; le vice-amiral Roussin a été sacrifié à
« la presse. »

Celle-ci, en effet, était en France presque entièrement gagnée à la cause de Méhémet-Ali. A en croire
les journaux, les brochures, les traités *ex professo*,
les statistiques soi-disant officielles publiées sur
l'Égypte, aucune contrée ne jouissait de plus de
richesse et de prospérité. L'administration de Méhémet-Ali était l'œuvre du génie, un modèle d'habileté
qui commandait l'admiration ; il possédait « un revenu
« annuel de 63,000,000 de francs ; une armée régulière
« de 130,000 hommes, 45,000 hommes de troupes irré-
« gulières, 47,000 hommes de garde nationale, en
« tout 276,843 hommes, une flotte de 34 bâtiments,
« dont 11 vaisseaux et 6 frégates de 1er rang (1) » ;
il pouvait non seulement s'emparer de toute la Turquie et détrôner le Sultan, mais faire tête à l'Europe,
si elle tentait de s'y opposer. La France s'est laissé
bercer de ces illusions pendant dix ans, sur la foi
de la presse presque entière. Et ce qui est aussi
regrettable, c'est que les agents du gouvernement

---

(1) Tous ces chiffres sont tirés de l'*Aperçu général sur l'Égypte,* par
Clos-Bey.

placés sur les lieux sont, pour la plupart, tombés
dans la même erreur. Il était du devoir de l'ambassadeur de France à Constantinople d'étudier la
question d'Orient sous toutes ses faces ; et la spécia-
lité du vice-amiral Roussin lui permettant de bien
apprécier tout ce qui touche l'état militaire et maritime chez le Sultan et le pacha d'Égypte, il s'est livré
à cette étude avec une assiduité persévérante ; et
quoiqu'il n'ait pas eu d'égales facilités pour atteindre
ce double but, puisque l'un était sous ses yeux, et
l'autre à distance, il a pu y parvenir. Si les notes
statistiques annuelles qu'il a transmises au gouvernement ont démontré jusqu'à l'évidence la déca-
dence successive et absolue de l'armée et de la
marine turques, il n'a pas tiré des conclusions moins
certaines ni plus satisfaisantes sur celles de l'Égypte,
soit des récits nombreux des voyageurs qu'il avait
interrogés, soit de ses correspondances avec les
consuls, comparées entre elles et dépouillées du
prestige sous lequel, il faut le dire, elles étaient
pour la plupart écrites. Le spectacle seul des populations égyptiennes fuyant la tyrannie de Méhémet-
Ali en Asie Mineure et jusqu'à Constantinople
aurait suffi pour le convaincre des effets de la déplo-
rable administration du pacha. Il lui était démontré
que la population, le commerce, l'industrie, l'agri-

culture, périssaient dans ses mains ; que son armée
de terre n'avait ni l'effectif dont la presse faisait
étalage, ni l'organisation, ni la discipline, ni l'esprit
militaire qu'elle lui attribuait ; que la force numé-
rique des corps était démentie par ce qu'on savait
de la dépopulation du pays, et par l'aversion des
Arabes pour le service militaire. Quant à la marine
et à la flotte égyptiennes, l'illusion n'était pas plus
possible qu'à l'égard de l'armée de terre : la flotte
avait encore plus dégénéré que l'armée par l'éloigne-
ment successif de presque tous les officiers euro-
péens qui l'avaient formée, et dont les traditions
mêmes n'existaient plus. Il suffisait d'ailleurs de posséder quelques notions du sol, du climat et de la
constitution géographique de l'Égypte et de la
Syrie, pour ne pas croire à la réalité d'un établissement maritime sérieux dans un pays qui ne produit
ni bois de construction, ni houille, ni fer, ni chanvre,
qui n'a point de ports sûrs, par conséquent ni bâtiments de commerce ni matelots, c'est-à-dire aucun
des éléments indispensables à l'entretien d'une
marine de quelque importance.

Le vice-amiral Roussin n'avait donc pas pu
prendre au sérieux cette armée et cette marine tant
exaltées par la presse française. Et il ne pouvait
croire davantage aux destinées politiques emphati-

quement promises à l'établissement égyptien : il ne croyait pas à la réalisation d'une nationalité arabe dans la Syrie à peine habitée par des tribus séparées, ennemies les unes des autres, sous le joug de fer d'un pacha turc, plus habile peut-être, mais plus avide encore que ses pareils.

Efin l'amiral n'avait donc pu voir dans l'établissement égyptien qu'un élément de l'Empire ottoman qu'il fallait favoriser dans un système nécessaire au repos de l'Europe, mais dans la seule mesure des considérations qui se rattachent à la politique générale : un établissement fragile qu'on devait se garder de soutenir au prix d'une guerre européenne dans laquelle nous ne trouverions qu'un allié caduc qui ne nous dédommagerait pas de ce qu'il nous aurait coûté.

Cette opinion vers laquelle l'amiral inclinait déjà théoriquement avant d'arriver à Constantinople, et que six ans d'observation n'avaient fait qu'affermir, a été justifiée surabondamment par les événements.

Si quelque chose d'étranger à la nature de Méhémet-Ali et à l'organisation éphémère de son pouvoir a contribué à sa ruine, c'est la presse française, ce sont ses adulations qui l'ont aveuglé sur sa faiblesse et qui l'ont perdu.

Malheureusement, avec ses illusions, elle avait en même temps entretenu en France, tant dans le pays que dans les Chambres, un état d'opinion tout favorable au pacha d'Égypte, et l'acte du 27 juillet y fut critiqué comme faisant prévoir par le concert des cinq puissances européennes l'imposition d'une paix trop rigoureuse pour le pacha. Le cabinet du 12 mai se laissa effrayer, et, renonçant à la politique qu'il avait jusque-là suivie et prescrite, il céda à l'opposition, en désavouant l'acte du 27 juillet et en rappelant l'ambassadeur qui l'avait signé.

Le vice-amiral Roussin a pris congé du sultan Abd ul-Medjid le 9 octobre 1839. Ce souverain lui a renouvelé publiquement les témoignages d'estime et de confiance dont il avait entendu son père l'honorer, et y a joint l'expression de ses regrets personnels sur son départ.

La veille, l'ambassadeur avait reçu les adieux du corps diplomatique, et des députés du commerce et des chefs des corporations religieuses sous le patronage de la France les remerciements pour la protection énergique qu'ils avaient reçue de lui.

Le 17 octobre, il quitta Constantinople, où il avait résidé près de sept ans.

Débarqué à Marseille le 22 novembre, il arriva à

Paris le 9 décembre, et fut reçu le lendemain par le président du conseil des ministres : cet accueil fut tel qu'il pouvait le désirer. Aucun reproche quelconque ne lui fut fait, et il en fut de même de la part de chacun des membres du cabinet, sauf un seul, qui lui avoua qu'on l'avait rappelé parce qu'on le croyait hostile au pacha d'Égypte; mais l'opinion de ce ministre fut toute personnelle, et le ministère ne s'y associa point.

Il en eut, d'ailleurs, la confirmation par la note du *Moniteur* du 12 décembre, ainsi conçue :
« M. l'amiral Roussin vient d'arriver à Paris, de
« retour de Constantinople, où il a exercé pendant
« près de sept ans les fonctions d'ambassadeur de
« France; on connaît le zèle avec lequel il a con-
« stamment défendu, dans le cours de cette longue
« mission, les importants intérêts confiés à ses
« soins; malgré les circonstances qui ont amené la
« cessation de ses fonctions diplomatiques, M. l'ami-
« ral Roussin n'a perdu aucun des droits qu'il avait
« acquis à la bienveillance du Roi et à l'estime du
« gouvernement de Sa Majesté. »

Le roi Louis-Philippe, obligé sans doute de céder à des nécessités parlementaires, savait bien que le vice-amiral Roussin l'avait habilement et fidèlement servi à Constantinople, et il lui a toujours témoigné son estime et sa bienveillance (1).

Il est donc bien certain que son rappel de Constantinople n'a eu d'autre motif que de satisfaire la presse qui l'avait blâmé de ne pas partager sa prédilection pour le pacha d'Égypte. Trois mois après son retour en France, le cabinet du 12 mai fut obligé de donner sa démission et de céder le pouvoir à l'opposition. Le 1er mars 1840, M. Thiers prenait la présidence d'un nouveau cabinet; il proposa au vice-amiral Roussin d'en faire partie. Celui-ci n'en avait pas le désir. Il avait déjà refusé le ministère de la marine qui lui était offert en 1834. Aux motifs qui le déterminèrent alors, il s'en joignait un autre, cette fois, pour l'affermir dans son refus; son opinion sur la question d'Orient différait de celle de M. Thiers et de plusieurs de ses futurs collègues. On a vu plus haut ce qu'il pensait de la valeur politique de l'établissement du pacha d'Égypte, et il craignait d'introduire dans le cabinet une division fâcheuse. Cependant, il céda au vœu du corps de la marine, au désir d'en maintenir la direction dans des mains spéciales, à celui de ne pas encourir le reproche de lui manquer de dévouement. Il espérait d'ailleurs que sa

---

(1) Après les malheureux événements de 1840, et la misérable défaite du pacha, le Roi dit un jour à l'amiral : « Amiral, vous avez eu seul raison contre nous tous. »

dissidence d'opinion avec plusieurs de ses collègues se renfermerait dans les bornes d'une discussion toujours prête à se rallier aux vrais intérêts du pays.

Le ministère du 1ᵉʳ mars fut marqué par d'importants événements : le retour des cendres de l'empereur Napoléon réclamées à l'Angleterre (1), la punition du régicide Darmès, d'irritantes discussions parlementaires notamment sur la conversion des rentes et sur la question sucrière, les inondations des départements du Midi, la construction des fortifications de Paris et les armements de terre et de mer entrepris sur une grande échelle (2).

Ceux-ci étaient motivés par la gravité de la situation de la France à l'extérieur. La question d'Orient avait été tranchée sans son concours (funeste effet du désaveu de la convention du 27 juillet 1839); l'alliance anglaise était rompue par le traité du 15 juillet 1840 conclu par l'Angleterre, la Russie, l'Autriche, la Prusse; et la flotte anglaise commen-

(1) C'est le vice-amiral Roussin qui proposa au Roi de désigner le prince de Joinville pour ramener les cendres de l'Empereur.

(2) Le ministre de la marine dut accompagner le Roi dans le voyage qu'il entreprit avec une partie de sa famille du château d'Eu à Boulogne. Une tempête rendit la situation du bâtiment si critique que le 16 juillet l'amiral se décida à aborder la jetée du port de Calais, dont l'entrée se trouva impossible pour effectuer le débarquement. Le courage du Roi et le dévouement de l'équipage dissipèrent le danger qui menaçait la France, et délivrèrent le ministre des plus cruelles inquiétudes.

çait les hostilités contre Méhémet-Ali. Le cabinet du 1ᵉʳ mars eut alors à prendre les mesures défensives que nécessitait une guerre qui paraissait imminente et qui pouvait devenir européenne : il s'occupa énergiquement de réorganiser l'armée et la flotte si imprudemment négligées pendant vingt-cinq années de paix ; il résolut de les mettre l'une et l'autre sur le pied formidable que les circonstances exigeaient, et obtint les crédits nécessaires ; il commença les fortifications de Paris.

Toutes ces mesures militaires furent prises à l'unanimité dans le cabinet, qui n'eut qu'une opinion sur une situation qu'il n'avait pas faite, mais qu'il était résolu de supporter avec honneur. Mais il fut souvent partagé dans les discussions qu'amenait sa politique à l'extérieur. Témoin pendant plus de six ans à Constantinople du mauvais vouloir systématique ou plutôt de l'hostilité manifeste du représentant de l'Angleterre contre la France, le vice-amiral Roussin n'avait pas pu s'empêcher de prendre au sérieux le traité du 15 juillet, suscité par l'Angleterre et que venaient de signer les mêmes puissances que depuis un demi-siècle nous avions vues se coaliser contre nous ; il n'avait pas dû dissimuler non plus le résultat de ses observations sur le peu de valeur de l'établissement égyptien, et

avait naturellement développé dans le conseil les
motifs qui le portaient à penser que nous ne devions
pas rechercher de ce côté une alliance qui ne pouvait nous être qu'onéreuse. Cette déclaration surprit
d'abord ses collègues sans les convaincre; les
Chambres étaient, comme on l'a dit, égyptiennes;
la presse presque tout entière l'était aussi : le
cabinet ne pouvait donc adopter une autre opinion
sans compromettre sa majorité dans le Parlement.
Toutefois, les convictions d'un homme de bonne
foi laissèrent des traces; deux de ses collègues,
d'abord, se joignirent à lui; un troisième s'y rallia,
et les événements ne tardèrent pas à leur donner
raison. Il n'est qu'exact de dire que cette minorité a
contribué à modifier la politique du cabinet du
1er mars, au point qu'il se borna en somme à conseiller la modération au pacha d'Égypte et à ne lui
donner qu'un appui moral.

Tous les efforts du cabinet s'appliquèrent cependant à mettre le pays en état de soutenir la lutte
dont il paraissait menacé. Croyant à la guerre,
non qu'il voulût en prendre l'initiative, mais parce
qu'il pouvait la craindre, il voulut donner à la
France une attitude et à l'Europe une conviction
qui, sans aucun doute, n'ont pas été sans influence
sur la suite des événements. Quand personne ne

put douter que dans six mois la France aurait
900.000 hommes en ligne et 20 vaisseaux armés,
plusieurs des gouvernements signataires du traité
du 15 juillet ont commencé à réfléchir. Ils ont
compris que la France, si on la poussait à bout,
pourrait avec sa puissante armée guidée par le
drapeau tricolore réveiller bien des questions dan-
gereuses pour le repos de l'Europe, et que ses
20 vaisseaux rassemblés à Toulon 1, à quelques
jours de distance de tous les points importants de
la Méditerranée, seraient imminemment menaçants
par l'imprévu des coups qu'ils pourraient frapper;
et ces gouvernements se sont sagement contenus.

La politique du cabinet du 1er mars avait obtenu
l'acquiescement du Roi jusqu'au 2 octobre; ce
jour-là, on apprit le bombardement de Beyrouth;
l'impression que produisit cet événement et les
discussions qui s'ensuivirent dévoilèrent dans le
cabinet une dissidence prononcée, et il se partagea
en majorité et en minorité, la première de cinq, et
la seconde de quatre voix.

Tout ce qu'il y avait de grave dans la situation
frappa les esprits au même degré et les rallia d'abord
au désir d'éviter de prendre un parti extrême et c'en

1 Appendice, VII.

était un que la retraite du cabinet dans cette circonstance); l'effervescence se propageait dans les
masses; c'était la paix que l'anarchie poursuivait
dans la personne du Roi, comme le prouva l'at-
tentat du 15 octobre (1). Frappé de ce danger au
dernier point, le vice-amiral Roussin s'efforça de
concilier ses collègues, afin de retarder, du moins,
une crise dont les conséquences funestes lui parais-
saient inévitables. Mais ses efforts furent impuis-
sants à les rallier à un parti commun. Deux avis
furent émis : une alliance offensive et défensive avec
le pacha d'Égypte, jointe à un ultimatum posant la
limite des concessions au delà desquelles aucun
retranchement de territoire ne serait toléré; ou bien
l'attitude exclusivement défensive pour observer les
événements, en prenant immédiatement toutes les
mesures nécessaires pour s'opposer à ce qu'on ne
voudrait pas souffrir. C'est au point de vue de ce
double plan de conduite que le discours de la couronne fut rédigé pour l'ouverture des Chambres con-
voquées le 18 octobre; les termes en étaient adoucis,
mais l'armement immédiat et complet de la France
était la conséquence du premier parti, et la guerre pouvait en sortir. Le cabinet penchait en majorité pour

(1) Le régicide Darmès, arrêté, vociféra le nom de Beyrouth.

cette aventureuse politique. Le vice-amiral Roussin
était de l'avis de la minorité. Il pensait avec elle
qu'il ne fallait pas par un fol engouement provoquer
une guerre européenne pour sauver le pacha
d'Égypte, et qu'il suffisait d'être prêt à bien la soutenir si on était attaqué.

Le projet de discours fut soumis au Roi, qui refusa
d'y adhérer. Le cabinet offrit sa démission, et le
29 octobre le *Moniteur* contint les ordonnances
royales portant acceptation de cette démission et
création du ministère qui le remplaçait : à deux
exceptions près, ce fut le cabinet du 12 mai qui
revint aux affaires.

Le premier acte du nouveau ministre de la marine
fut l'ordonnance qui éleva le vice-amiral Roussin à
la dignité d'amiral ; résolue dès le mois de février
précédent, elle devait être signée le 20, c'est-à-dire
précisément le jour où le cabinet du 12 mai s'était
retiré, et cette circonstance, jointe à la participation
du vice-amiral Roussin à la nouvelle administration,
l'avait naturellement ajournée. Le même ministre
qui l'avait préparée, rentré au pouvoir, déclara qu'il
considérait comme un devoir pour lui de la reproduire, et elle fut signée par le Roi le 30 octobre (1).

(1) Appendice J, VII.

Le cabinet du 29 octobre 1840, présidé par le
maréchal duc de Dalmatie, s'efforça de rentrer dans
le concert européen; mais le mal produit par le
désaveu de l'acte passé à Constantinople le 27 juillet 1839 et par le traité du 15 juillet 1840 qui en fut
la suite était bien difficile à réparer. La France,
isolée dans sa partialité pour Méhémet-Ali, a dû
assister à l'écroulement misérable de la fortune de
son protégé. L'amiral Roussin a donc pu voir combien l'abandon de la politique qu'il avait suivie pendant les sept années de son ambassade avait été
regrettable; mais il a surtout senti la douleur patrio-
tique du dommage causé à son pays.

De 1840 à 1843, à la Chambre des pairs, il prit
part à la discussion des fortifications de Paris et à
celle du droit de visite. Interpellé sur la concession
faite à l'Angleterre par les traités de 1831 et 1833
du droit de visite de nos bâtiments de commerce pour parvenir à la répression de la traite des
noirs, il vota pour la franche exécution de ces traités, préférant renoncer à une des plus chères convictions de sa vie de marin, plutôt que de conseiller
à son pays de manquer de bonne foi dans des engagements pris de plein gré et qui subsistaient depuis
douze ans sans sérieuses récriminations. Il pensait
que la probité politique est indépendante des temps

6

et des circonstances, mais il voulait fermement qu'on exigeât de l'Angleterre la plus stricte réciprocité dans l'exécution des traités sur le droit de visite tant qu'ils existeraient.

Le 7 février 1843, l'amiral Duperré s'étant retiré des affaires, l'amiral Roussin fut pour la troisième fois appelé au ministère de la marine et des colonies. Il accepta avec son dévouement infatigable cette nouvelle tâche. Il eut à réparer les désastres amenés à la Guadeloupe par un tremblement de terre et à Pondichéry par un ouragan, et sut exciter le grand élan de charité qui aida le gouvernement à secourir ces colonies. C'est aussi pendant ce ministère que la France prit possession des îles Marquises et assuma le protectorat des îles de la Société.

Mais la santé de l'amiral Roussin commençait à s'altérer, cédant à la fatigue de travaux incessants et d'ordres si divers. Après quelques mois de lutte courageuse contre la maladie, il reconnut que ses forces le trahissaient et demanda au Roi de le relever de ses fonctions. Le 25 juillet, il quitta le ministère et depuis ne put plus prendre part aux affaires publiques (1). Il vécut dans la retraite abso-

---

(1) Par la Constitution de 1852, il fut sénateur de droit en sa qualité d'amiral.

lue, entouré du dévouement et de la tendresse de sa famille, et ne mourut que le 21 février 1854, après dix années d'une cruelle maladie, laissant le grand exemple de la vie la plus laborieuse entièrement consacrée au service de la France (1).

(1) Appendice J, VIII.

APPENDICE

A

Roussin (Albin-Reine) naquit à Dijon le 21 avril 1781. Il était fils d'Edme Roussin, avocat au parlement de Bourgogne, et d'Hélène Masson. Son père mourut en 1801; sa mère restait sans ressource avec un jeune fils. Roussin éleva son frère, qui fut un homme distingué et arriva à un haut grade dans l'Administration de la marine; il soutint sa mère pendant toute son existence. Celle-ci, femme d'une grande intelligence, est morte en 1849, à l'âge de quatre-vingt-quinze ans, laissant dans le village de Bourgogne où elle s'était retirée, le souvenir de sa bonté et de sa charité.

Roussin se maria, le 1er août 1814, à Virginie Bihet-Pentigny, jeune fille sans grande fortune, mais douée des plus charmantes qualités du cœur et de l'esprit. Il eut de ce mariage un fils et quatre filles, dont deux moururent enfants. Le fils est devenu vice-amiral.

B

CAMPAGNE DANS LES MERS DE L'INDE.

I

COMBATS DE LA *SÉMILLANTE*.

Le premier des combats de la *Sémillante* eut lieu en division du contre-amiral Linois, le 10 avril 1804, contre le vaisseau anglais *le Centurion*, de 54, et les forts de Vizigapatnam, sur la côte de Coromandel. La *Sémillante* était en tête à demi-portée de canon. L'action dura deux heures et demie. Le *Centurion* ne dut son salut qu'à sa proximité de la côte, où il s'échoua, et à la protection des forts. L'enseigne de vaisseau Roussin commandait le gaillard d'avant de la *Sémillante*, pendant le combat.

Le deuxième combat eut lieu le 3 août 1805, dans la baie de San Jacinto, à l'entrée occidentale du détroit de San Bernardino (archipel des Philippines), contre la frégate anglaise *le Phaéton*, de quarante-six canons de 16 et de 32, et le brick *Harrier*, de vingt-deux caronades de 32. Ces bâtiments faisaient partie d'une division envoyée du Bengale à la recherche de la frégate française, qu'elle rencontra au moment où elle complétait son eau pour se rendre au Mexique en mission. Attaquée à demi-portée de canon par le flanc et par l'arrière, la *Sémillante* avait porté deux de ses canons, avec six hommes et un officier, sur une pointe de la terre voisine ; avec ces faibles moyens de défense, elle combattit trois heures et demie et parvint à se faire abandonner de l'ennemi, qui ne reparut plus le lendemain. Ce ne fut qu'un an après qu'on apprit à l'île de France que le *Phaéton* et le *Harrier* avaient relâché à Macao, à la suite du combat, démâtés, l'un de son grand mât, l'autre de son beaupré, ayant de nombreuses voies d'eau et perdu soixante hommes tués ou blessés. De son côté, la *Sémillante* avait eu sept hommes tués et treize blessés. L'enseigne de vaisseau Roussin commandait la batterie du gaillard d'avant de cette frégate, et remplaça l'officier de manœuvre, qui fut tué au commencement de l'action.

Le troisième combat de la *Sémillante* a eu lieu le 23 novembre 1805, dans la baie de Saint-Paul (île Bourbon), seule contre le vaisseau anglais *le Cornwallis*, de 54. Il a duré une heure et demie. La frégate française eut deux hommes tués et cinq blessés. L'ennemi s'est retiré sans obtenir aucun avantage sur la frégate, ni sur les nombreuses prises qu'elle protégeait. L'enseigne de vaisseau Roussin commandait le gaillard d'avant de cette frégate.

Le quatrième combat de la *Sémillante* a eu lieu dans une rencontre de nuit, dans le canal des îles de France et Bourbon, la nuit du 25 au 26 novembre 1805, contre la frégate anglaise *la Dédaigneuse*, de même force qu'elle. Les deux frégates, engagées à contre-bord, se sont séparées après quelques volées sans pouvoir se rejoindre, par l'effet des grains et de l'obscurité, l'une pour aller déposer à l'île de France de nombreux prisonniers de guerre dont elle était surchargée, l'autre pour renouveler ses vivres épuisés par une croisière prolongée devant l'île de France. L'enseigne de vaisseau Roussin commandait la batterie de la *Sémillante* dans cet engagement.

Le cinquième combat de la *Sémillante* a duré trois heures et demie, près de la pointe de Galles (île de Ceylan), dans la nuit du 15 au 16 mars 1808, contre la frégate anglaise *la Terpsichore*, de quarante canons de 16. Celle-ci, très maltraitée, ne ripostait plus que par quelques coups de canon, lorsque la *Sémillante*, parvenue sur son avant, allait la combattre en enfilade, réservant une volée que tout annonçait devoir être la dernière ; mais le capitaine Motard, grièvement blessé, dut être remplacé, ce qui causa un instant de retard dont l'ennemi profita pour s'éloigner et éviter le combat.

Tout annonçait qu'il serait réduit. Les avaries des deux bâtiments et une suite de grains suivis de calmes les empêchèrent de se rejoindre. On apprit, par les feuilles publiques de l'Inde et le rapport du capitaine de la *Terpsichore,* que cette frégate avait éprouvé l'accident d'une explosion de poudre, qui lui avait mis soixante hommes hors de combat. Dans cet engagement, la frégate française eut sept tués et onze blessés. Le lieutenant de vaisseau Roussin commandait la batterie.

Le 6 février 1806, la *Sémillante,* sortie de l'île de France la veille de ce jour, fut assaillie par un de ces ouragans terribles qui bouleversent presque tous les ans nos colonies de la Martinique, de la Guadeloupe, et les mers de l'Inde. Commencé à huit heures du soir, l'ouragan avait à minuit complètement démâté la frégate, et sa mâture était le long du bord, le billardant. Tout ce qui était sur le pont ayant été enlevé, pendant vingt-quatre heures, la frégate fut littéralement sous la mer. On peut se figurer ce qu'il fallut de dévouement, de courage, de savoir-faire et d'industrie pour réparer un tel désastre, et mettre la frégate en état de se rendre à Bourbon, en faisant dix nœuds de vent largue, avec les faibles ressources qui lui restaient. Au début de l'ouragan, on était à cinquante lieues de cette île.

Dans une autre sortie de l'île de France, la frégate, se trouvant dans la baie du Bengale, rompit son beaupré. Le lieutenant Roussin fut envoyé avec cinquante hommes de corvée dans l'île voisine de Nicobar, pour choisir un arbre de dimension capable de remplacer le beaupré pour continuer la croisière.

Ce fut dans son retour de Manille, après son combat de San-Jacinto, et revenant à l'île de France à contre-mousson par l'est de tous les détroits, que la *Sémillante* fut abordée si brusquement par une baleine que le choc brisa deux chaînes des grands haubans, et couvrit d'eau et de sang le gaillard d'arrière.

II

Port de l'île de France, 20 mai 1808.

Le capitaine de vaisseau Motard, officier de la Légion d'honneur, commandant la frégate de Sa Majesté *la Sémillante,* certifie que M. Albin Roussin, enseigne de vaisseau, et ensuite lieutenant de vaisseau, a servi dans ces qualités sur ladite frégate, l'espace de cinq ans et demi, à compter du 26 brumaire an II, au 20 mai 1808, époque du désarmement de la frégate à l'île de France.

C'est un officier instruit, bon marin, bon astronome. Il joint à ces qualités essentielles un caractère de fermeté, de zèle et d'honneur dont je ne ferai jamais assez l'éloge.

Signé : MOTARD.

Ile de France, 1ᵉʳ octobre 1810.

Nous, Charles Decaen, grand officier de la Légion d'honneur, général de division, capitaine général des établissements français à l'est du cap de Bonne-Espérance :

Vu le rapport de M. le capitaine de vaisseau Duperré, commandant la division de forces navales composée des frégates *la Bellone* et *la Minerve* et de la corvette *le Victor,* des actions de cette division pendant sa campagne si glorieusement terminée le 23 août 1810, par son combat contre quatre frégates anglaises, dont deux ont été prises et les deux autres incendiées ;

Vu la mention honorable des talents, de l'expérience, du zèle et de la valeur de M. Roussin (Albin), lieutenant de vaisseau, particulièrement recommandé ;

Nommons provisoirement capitaine de frégate M. Roussin (Albin), lieutenant de vaisseau.

Il jouira du traitement et des prérogatives attribués à son nouveau grade.

Le capitaine général,

Signé : DECAEN.

Certificat du capitaine de vaisseau Pierre Bouvet, commandant la frégate la Minerve, *en l'année 1810.*

Brest, 1ᵉʳ août 1814.

Je certifie que M. Roussin, capitaine de frégate, était premier lieutenant sur la frégate *la Minerve* que je commandais en 1810 dans les mers de l'Inde; qu'à la fin de la campagne de cette frégate qui fut honorée par trois combats, et pendant le dernier combat (affaire du Grand Port), M. Roussin eut le commandement de la frégate *la Minerve,* le lui ayant confié pour passer sur la frégate *la Bellone.*

Dans cette circonstance et dans toutes celles qui l'avaient précédée, M. Roussin justifia ma confiance par ses talents, son courage et son activité. Dans cette considération, j'obtins du gouverneur de la colonie que cet officier fût, sur le champ de bataille, élevé au grade de capitaine de frégate, et nommé au commandement de l'une de nos prises, la frégate anglaise *la Néréide.*

Je certifie, en outre, que S. M. l'Empereur n'a pas d'officier plus dévoué et plus capable dans sa marine.

Signé : Pierre BOUVET.

Les capitaines Bouvet et Motard furent des plus brillants parmi les officiers qui firent tant honneur à la marine française dans les mers de l'Inde à cette époque.

C

CROISIÈRE DE LA FRÉGATE *LA GLOIRE*.

I

*Instructions ministérielles pour le capitaine de frégate Roussin,
commandant la Gloire en armement au Havre.*

Paris, le 13 novembre 1812.

MONSIEUR LE COMMANDANT,

Je vois par votre lettre du 10 que la frégate *la Gloire* a embarqué ses cinq mois de vivres et est prête à prendre la mer. Je
m'empresse de vous informer qu'en conséquence des ordres de
l'Empereur, vous devez appareiller aussitôt que vous jugerez les
circonstances favorables à votre départ. Il est bien entendu que
vous devez attendre les circonstances et ne rien compromettre par
trop de précipitation. Il est important que vous ne mettiez sous
voiles qu'avec un temps frais et fait qui vous permette de vous
éloigner promptement, et de tromper les croisières ennemies qui
vous observent. Dès que vos préparatifs de départ vont être connus, il est probable que l'ennemi prévoira que vous vous rendez à
Cherbourg. Il est bon de nourrir cette opinion, et pour cela je
mande assez publiquement aux commissaires de Cherbourg et du
Havre de vous tenir bien informé de ce qui se passe sur cette
partie de la côte, et d'y stimuler l'attention des sémaphores, etc.
Au lieu de gagner directement Cherbourg, le parti le plus sûr
en sortant du Havre me paraît être de couper droit à la côte

d'Angleterre pendant la nuit en contournant les croisières qui sont devant Cherbourg et le Havre; prolonger la côte d'Angleterre à petite distance sous pavillon anglais en toute occasion, détruire en faisant votre chemin tout ce qui tombera sous votre écoute (excepté les pêcheurs de la côte qu'il faut ménager). Une fois hors de la Manche, la mer vous est ouverte. Vous pourrez la tenir autant de temps que vous le voudrez et vous porter en croisière dans tels parages qui vous conviendront pour rentrer ensuite dans tel port que vous voudrez et quand vous le voudrez.

Je dois même vous faire observer que ce que je vous dis de la route à suivre en partant du Havre n'est point impératif, et que cette manœuvre me paraît seulement indiquée par le danger de se porter directement à Cherbourg, où il est probable que l'ennemi vous attendra.

Cette faculté indéterminée d'une croisière concorde parfaitement avec ce qu'exige la sûreté de votre rentrée dans un port.

En effet, l'ennemi est constamment en force considérable à la hauteur des rades où nous avons des forces navales. Il serait donc extrêmement hasardeux de vouloir pénétrer dans ces rades par un temps ordinaire; et il faut savoir attendre au large les circonstances peu rares à cette époque de l'année où l'ennemi ne peut maintenir ses croisières sur certaines parties de la côte. L'expérience, par exemple, a prouvé qu'aucune croisière ne se maintient devant Brest quand les vents d'ouest et de sud-ouest, qui sont toujours fréquents dans cette saison, viennent à souffler grand frais. Alors, l'ennemi s'emmanche ou plutôt est forcé à prendre une relâche.

Il faut donc que les bâtiments qui veulent entrer à Brest, et qui ont à craindre la croisière ennemie, se tiennent à cent vingt ou cent quarante lieues au large, jusqu'à ce qu'un grand vent d'ouest ou de sud-ouest vienne à souffler. Alors, ils font vent arrière sur Brest, et ils arrivent ordinairement sans difficultés, sans rencontrer l'ennemi sur leur passage, ce qui ne doit cependant pas donner une telle sécurité qu'on n'y veille pas avec une très grande attention.

L'esprit des présentes instructions est de vous laisser la plus grande latitude de manœuvre dans cette sortie, autant que vos vivres et l'état de votre frégate le comporteront.

Et pour ne parler ici que des parages les plus voisins où l'on puisse établir une croisière, vous savez que la ligne de communication de l'Angleterre avec l'Espagne, le Portugal et la Méditerranée, est dans les circonstances actuelles un des parages les plus fréquentés par l'ennemi.

Le banc des soles est l'atterrage ordinaire des navires venant des deux Indes.

Les croisières des Açores, de Madère, des Canaries, celles au vent des îles Antilles présentent cet avantage général que, placées à de plus ou moins grandes distances, vous pouvez vous porter de l'une à l'autre dès que vous aurez lieu de penser que votre position est connue de l'ennemi.

Mais une croisière non moins fructueuse et plus brillante serait celle qui vous ferait réussir sur les côtes mêmes de l'Angleterre et de l'Irlande. Il faudrait y porter le ravage, l'inquiétude, par de fréquentes incursions. Pour cela, on n'arriverait sur la côte qu'au point du jour. On y naviguerait à petites voiles et sans affectation sous pavillon anglais. On s'abstiendrait d'abord d'inquiéter les bâtiments de peu de valeur, en se réservant pour ceux qui paraîtraient plus importants. S'ils étaient près de terre, il ne faudrait pas les effaroucher, et on les suivrait jusqu'au soir pour les amariner dans l'obscurité. On répéterait cette manœuvre ou toute autre utile tant qu'il y aurait lieu de croire qu'on n'est pas annoncé ou signalé à la côte comme ennemi ; et aussitôt qu'on croirait y être devenu suspect, on ferait main basse sur tout ce qu'on pourrait atteindre (les pêcheurs exceptés). Après quoi on disparaîtrait promptement pour se porter, par le large, sur tout autre point éloigné où l'on varierait ses manœuvres selon les rencontres et les localités.

Ce genre d'opérations fera un honneur infini à celui qui aura des succès, et qui saura reporter ainsi sur les côtes d'Angleterre le genre de guerre que les frégates anglaises exercent sur les nôtres.

La faculté de se porter où l'on veut, de n'y rester que le temps que l'on veut, de varier ses incursions à son gré, sont, avec la longueur des nuits, autant de données indispensables pour réussir dans ces croisières. Aussi, l'intention de l'Empereur est-elle que vous ayez carte blanche dans la mission qui vous est confiée.

Ainsi je ne puis trop vous faire entendre que vous êtes absolument le maître de choisir les parages où vous jugerez à propos de faire vos courses soit dans l'Océan, soit dans la Méditerranée, soit sur les côtes d'Angleterre et d'Irlande. Vous les varierez comme vous le jugerez convenable. Vous tiendrez la mer autant que vous le voudrez. Vous rentrerez dans les ports quand vous le jugerez utile et dans tels ports des deux mers qui conviendront à vos opérations.

La seule chose qui vous soit recommandée, c'est de ne rien négliger pour faire le plus de mal possible à l'ennemi. C'est à cela que se bornent les dispositions impératives des présentes instructions, et tout ce que j'y ajoute n'est que par forme de renseignements. Toutefois, il ne vous échappera pas qu'il faut bien se garder d'affaiblir votre équipage, en le disséminant sur les bâtiments qui tomberont en votre pouvoir. Des prises d'une importance peu commune peuvent mériter que vous abrégiez votre croisière pour les escorter jusque dans un de nos ports, et, dans ce cas, il ne faut pas négliger de choisir pour votre atterrage les circonstances que j'ai indiquées ci-dessus, d'un vent forcé qui éloigne l'ennemi. Mais, en général, le plus grand succès de vos opérations se trouvera à détruire un plus grand nombre de bâtiments ennemis. Il ne s'agit pas de perdre du temps et des hommes, dans l'espoir de conserver des prises. Une partie d'elles retomberait au pouvoir de l'ennemi, et ce qui est bien plus fâcheux encore que leur reprise, c'est que les matelots français que vous y auriez détachés iraient en Angleterre; et la valeur des prises conservées ne nous dédommagerait pas des hommes précieux que nous aurions perdus sur les autres.

Ainsi, ce que vous avez à faire, c'est de brûler tout navire ennemi aussitôt que vous l'aurez joint, afin qu'il n'y ait plus de délivrance possible pour ce que vous aurez une fois atteint.

Je n'en excepte, comme je vous l'ai déjà dit, que les bâtiments d'une valeur rare, qui mériteront que vous les escortiez ; et ceux-ci conduits jusqu'au port, vous êtes le maître de reprendre le large, si vous trouvez que votre bâtiment est en état de prolonger utilement sa croisière.

Mais tout en excitant votre zèle à cet égard, il ne faut pas cependant vous considérer comme engagé à tenir la mer au delà de ce que dictent la prudence et l'expérience d'un marin.

Ainsi vous ne devez pas balancer à rentrer soit pour réparer des avaries, soit pour en éviter pendant une tempête.

Vous ne devez pas vous obstiner à tenir la mer si vous n'êtes pas très content de votre bâtiment, et si vous croyez ne pouvoir lui donner que dans le port la perfection de sa marche ; car il faut réussir, et pour cela, le point essentiel est d'avoir une marche supérieure.

Je désire que vous évitiez autant que vous le pourrez des engagements dont le résultat serait douteux, car l'esprit de votre mission est que cinq mois de ravage sur le commerce de l'Angleterre ou sur ses côtes sont préférables à un combat qui, par les avaries que vous éprouveriez, mettrait en quelques heures un ajournement indéterminé à vos succès.

Il est bien entendu toutefois que, si vous vous voyez dans le cas de ne pouvoir raisonnablement éviter une affaire douteuse, vous n'hésiterez pas à prendre l'offensive ; et je me suis rendu garant près de l'Empereur que, dans quelque circonstance que vous vous trouviez, vous saurez justifier par votre discernement, vos talents et votre courage, la confiance dont Sa Majesté vous honore.

Signé : Duc DECRÈS.

II

Rapport du capitaine de frégate Roussin, commandant la Gloire.

A bord de la frégate de Sa Majesté *la Gloire,*
en rade de Brest, le 28 février 1813.

MONSEIGNEUR,

J'ai la satisfaction d'annoncer à Votre Excellence l'heureuse
arrivée en rade de Brest de la frégate de Sa Majesté *la Gloire,* que
j'ai l'honneur de commander.

Armée au port du Havre en 1812, la *Gloire* eut ordre de se tenir
prête à mettre sous voiles sur la fin de l'année. Le 15 novembre,
je reçus vos dernières instructions, et le 16 décembre suivant,
je me décidai à prendre la mer. Votre Excellence connaît les difficultés de la sortie du Havre. J'y étais ordinairement bloqué par
deux frégates et une corvette; mais le jour de mon départ, une
seule frégate ayant paru, je jugeai l'occasion favorable, et quoique
j'eusse à peine deux pouces d'eau sous la quille, j'appareillai avec
une assez belle apparence de vent d'est-sud-est, et à huit heures
du soir j'étais hors des jetées.

Je me dirigeai aussitôt selon les conseils que Votre Excellence
m'avait donnés. Je parvins à éviter la croisière de Cherbourg, composée alors de deux vaisseaux et plusieurs frégates. Le vent se soutint avec beaucoup de force pendant toute la nuit et le lendemain
de mon départ; quelques heures encore me mettaient hors de la
Manche; mais, dans la nuit du 17, il me manqua tout à fait, et au
lieu d'avoir atteint la longitude des Sorlingues au point du jour,
comme je l'espérais, je restai à une heure du matin en calme plat,
à vue des feux du cap Lézard. Le jour n'était pas encore bien fait,
que je me trouvai au milieu de neuf bâtiments. J'en reconnus plusieurs pour des bâtiments de commerce; mais un grand trois-mâts,

en me faisant des signaux de reconnaissance, ne me laissa pas longtemps incertain sur ce qu'il était. Une folle brise l'amena jusqu'à demi-portée de ses canons dans ma poupe, où il commença à me combattre. Je ne gouvernais pas d'abord, et je ne pouvais lui répondre qu'avec mes pièces de retraite; mais un peu de fraîcheur m'étant venue, je parvins à lui présenter le travers. Mes hommes, quoique harassés par une sortie laborieuse et par une mer extrêmement dure, me parurent bien disposés, et nous ne tardâmes pas à mettre l'avantage de notre côté. Le jour s'étant fait alors, je vis que le bâtiment que je combattais n'était qu'une grande corvette de trente caronades qui, lorsqu'elle s'aperçut de l'inégalité de la partie qu'elle avait engagée, se hâta de tenir le vent tribord et de profiter du peu de brise qu'elle avait au vent à moi pour se tirer du feu. Le calme m'empêcha encore de la serrer comme je le désirais, et nous ne pûmes que nous canonner réciproquement de trop loin pour obtenir promptement des résultats décisifs. Cette circonstance, jointe à la position où se trouvait alors la frégate de Sa Majesté, absolument chez l'ennemi et pour ainsi dire à vue de ses ports, me détermina à cesser un combat qui pouvait être prolongé indéfiniment à cause du temps, et je repris ma route pour démancher. Une demi-heure après, le bâtiment ennemi se dirigea de nouveau sur moi et s'attacha à ma poursuite, mais accompagné de trois bricks de 14 et 16 caronades et d'un cutter, qui l'avaient successivement rallié. Cette petite escadre me suivit ainsi jusque par 12 degrés de longitude, faisant jour et nuit des signaux de toute espèce pour attirer sur moi tout ce qu'il y avait de bâtiments anglais armés aux environs. La nuit du 18 même, les chasseurs furent assez favorisés par les brises pour qu'ils pussent m'atteindre presque tous à la fois. A dix heures, ils commencèrent à tirer, et leurs boulets me doublaient. Je ne voulus pas d'abord riposter, dans la crainte d'accroître encore le bruit qui pouvait m'amener de nouveaux ennemis, en passant à vue des Sorlingues, où le vent me forçait de me diriger; mais à la fin, craignant des avaries, je fis servir mes pièces de retraite, et nous combattîmes ainsi jusqu'à trois heures du matin, qu'une fraîcheur plus égale s'étant faite,

nous nous quittâmes pour ne plus être à portée les uns des autres. Dans ces différents engagements, j'ai été assez heureux pour ne pas perdre un seul homme. L'ennemi a été plus maltraité. Le plus fort de ses bâtiments, qui se trouve être l'*Albacore,* dit avoir perdu son premier lieutenant et six tués ou blessés. Les autres sont les bricks *l'Hélicon, le Borer, le Landrail,* et un cutter dont j'ignore le nom.

En quittant le port, avec la grande liberté que Votre Excellence avait daigné me donner pour mes opérations, j'avais des projets de croisière dans des mers très voisines de la France. Je ne doutais pas que les succès n'y fussent plus brillants que partout ailleurs, et je les ambitionnais vivement ; mais l'extrême rigueur de la saison, le dénuement absolu où se trouva une grande partie de mes hommes à la suite du coup de vent qui m'avait mis dehors, ne me permirent plus de suivre mes premières intentions. Je me décidai néanmoins à rester quelques jours sur le banc des Soles, pour tâcher, par quelques captures, de réparer les pertes de vêtements que mon équipage avait éprouvées. Le 20 décembre, je m'emparai de la corvette à trois mâts *le Spy,* armée de seize canons et venant d'Halifax. Elle transportait en Angleterre un assez grand nombre d'officiers et quatre-vingt-dix matelots ou soldats renvoyés pour maladie, etc. Je fis jeter son artillerie à la mer, et je passai un cartel signé du capitaine et de tous les officiers, pour l'échange et le renvoi en France d'un pareil nombre de sujets de Sa Majesté. Je pris cette occasion pour échanger aussi nominativement quelques officiers, et le bâtiment me quitta dans la soirée.

Le 23 au matin, je pris le trois-mâts anglais *la Minerva,* de quatre cent cinquante tonneaux. Il venait de Surinam, et avait un chargement de café, coton, sucre, estimé à près d'un million. Les vents, alors de la partie de l'Est, ne me permettant pas de tenter l'expédition de cette prise, je la coulai.

Pendant que je l'amarinais, un très beau trois-mâts qui était au vent laissa arriver sous ses huniers. Je fus à sa rencontre, et à midi j'étais à bord. C'était le *Powathan,* pris sur les Américains à sa sortie de Bordeaux par la frégate anglaise *l'Horatio.* Je saisis

avec satisfaction cette circonstance pour donner à la nation américaine une preuve de l'amitié qui existe entre nous et de la protection que Votre Excellence m'avait recommandée à son égard. Je
renonçai aux droits que la guerre nous donnait sur le *Powathan*.
J'en ôtai l'équipage anglais et je rendis le navire à son premier
capitaine, n'exigeant de lui d'autres marques de reconnaissance
que de faire connaître à sa nation la protection qu'il recevait de la
frégate de l'Empereur.

Le 26, je me décidai à quitter ma croisière du banc des Soles.
Le temps y était constamment mauvais, mes hommes y souffraient
du froid et de la pluie; principalement la compagnie d'embarquement du 3ᵉ régiment d'artillerie de marine, composée presque en
totalité de conscrits de l'année, et j'eus toutes les raisons possibles
de craindre que le scorbut ne se manifestât bientôt à bord. Je me
déterminai donc à me porter dans une latitude plus tempérée et je
me dirigeai sur les côtes d'Espagne et de Portugal. J'espérais que
j'y trouverais l'occasion de faire quelque chose d'utile au service
de Sa Majesté. A la suite des revers mêmes que les armées
anglaises avaient éprouvés dans ce pays, je me persuadais que je
pourrais intercepter plusieurs bâtiments qui y porteraient des
munitions et des vivres, et je fis route sur les îles Berlingues pour
observer Lisbonne.

J'y arrivai dans la nuit du 28; mais à peine m'y étais-je établi
en croisière que les deux clefs de mes mâts de hune cassèrent. Ces
deux avaries majeures ne me permettaient plus de rester sur une
côte où je devais supposer des croisières ennemies, et, à mon grand
regret, je fus obligé de prendre le large pour m'en éloigner avant
le jour. Je n'avais pas fait encore vingt lieues, et mes mâts de hune
n'étaient pas encore consolidés, que j'eus connaissance de deux
bâtiments à trois mâts au vent. Ils laissèrent arriver aussitôt sur
moi, et les ayant reconnus pour deux forts bâtiments de guerre, je
pris chasse devant eux. (C'étaient les frégates anglaises *la Pique* et
la Loire.)

Ma position était extrêmement embarrassante : le temps se mit
à grains de la plus grande violence, et mes mâts de hune ne me

donnaient plus aucune sécurité. Ce ne fut qu'à dix heures qu'à force d'industrie, nous parvînmes à les établir assez solidement pour résister à un temps aussi forcé. Je pus alors porter le grand hunier avec trois ris largues, le petit hunier à deux ris et les basses voiles. La frégate se comporta fort bien ; constamment le plat-bord à l'eau, elle fila plusieurs fois douze nœuds et demi, et à midi, nous avions sensiblement gagné l'ennemi dont un des bâtiments nous avait beaucoup approchés dans la matinée. Le soir, nous nous séparâmes.

Cette chasse nous ayant dirigés sur les Açores, je me décidai à me placer entre elles et Madère pour intercepter les bâtiments qui prendraient ce passage. Mon attente ne fut pas trompée : j'y fis neuf prises. Je suis fâché d'avoir à annoncer à Votre Excellence que dans ce nombre il y a trois américains. Je ne m'en emparai qu'avec une extrême répugnance, car j'aurais regardé comme un bonheur personnel de trouver des occasions d'être utile à une nation alliée au lieu de lui nuire ; mais de ces trois bâtiments, l'un, le *Fair American,* portait mille cinq cents barils de farine aux Anglais à Lisbonne, les deux autres, le *William-Wilson* et le *Citoyen,* étaient en retour de semblables voyages, et je ne crus pas qu'il me fût possible de tolérer un commerce de cette espèce, qui, en favorisant notre ennemi commun, est tout à fait contraire aux intérêts des deux nations alliées. En conséquence, je me déterminai à détruire les bâtiments arrêtés. Mais tout en prenant ce parti que mon devoir m'ordonnait envers les propriétés américaines, je ne cessai point de rendre aux individus tous les services qui dépendaient de moi. Je renvoyai le capitaine et l'équipage du *William-Wilson* sur un bâtiment portugais après en avoir jeté la cargaison à la mer, et j'expédiai pour Madère les hommes du *Citoyen;* quant au *Fair American,* c'était un bâtiment d'une marche si supérieure et le capitaine y paraissait tellement attaché que je ne pus m'empêcher de consentir à le lui rendre. En conséquence, je profitai d'une nuit de calme pour faire jeter à la mer sa cargaison de farine destinée aux Anglais ; je ne laissai à bord que cinq cents barils indispensablement nécessaires pour lester le bâtiment, et le capitaine Lobron, ayant les pouvoirs convenables pour passer toutes les transactions nécessaires au nom de sa maison, laissa entre mes mains une traite de 15,000 piastres, pour représenter la valeur de la marchandise que j'étais obligé de lui laisser ; je la joins ici et j'ai l'honneur de l'adresser à Votre Excellence. Je le conduisis aux approches de Madère dont l'approvisionnement était pour nous d'une moindre importance que Lisbonne, et il me donna sa parole d'honneur d'y aller et non ailleurs.

Le 17 janvier, je résolus de changer de croisière ; je renvoyai à Madère un paquebot portugais des Açores que j'avais pris la veille ; je le donnai au capitaine à condition que la moitié de sa valeur serait distribuée aux indigents de Madère ; je chargeai sa conscience de l'exécution de ces dispositions, et je lui donnai quarante-huit prisonniers portugais et espagnols qui me gênaient à bord, et que je ne pus échanger, l'Espagne et le Portugal n'ayant pas de gouvernement régulier avec lequel on pût traiter.

Je me dirigeai sur la Barbade au vent de laquelle je m'arrêtai à quarante lieues le 1er février ; je me trouvais là en position d'arrêter tous les bâtiments venant du Brésil, Para, Cayenne, Surinam, Paria, etc., ainsi que ceux qui se dirigeaient sur la Barbade elle-même et pour les autres îles du Vent.

Malgré tant de chances apparentes, la fortune ne me servit point dans cette partie de ma croisière ; par un hasard singulier, je ne vis pas un seul bâtiment, et les huit jours que j'y demeurai se passèrent totalement en exercices de toute espèce, dans lesquels l'équipage de la *Gloire* fait chaque jour de nouveaux progrès.

Le 8 février, je me décidai d'effectuer mon retour en France. En me donnant carte blanche pour la campagne que j'allais entreprendre, Votre Excellence avait eu la bonté de me conseiller de ne point passer entièrement à la mer la saison actuelle, afin de me ménager pour ma rentrée quelques restes des forts vents d'ouest qui sont communs sur nos côtes à cette époque de l'année ; en conséquence, je réglai mon atterrage pour la fin de février. Mais en faisant ma route, je coupais celle d'une infinité de bâtiments, et j'espérais chaque jour faire de nouvelles rencontres. Ces espé-

rances ne se réalisèrent pas ; pendant les treize jours qui s'écou
lèrent depuis mon départ de la Barbade jusque sur le banc des
Soles, la mer continua d'être déserte autour de moi. Le 10 février
seulement, je rencontrai de nouveau la goélette américaine *l'Éloïsa,*
que j'avais déjà arrêtée dans ma croisière des Açores, et que
j'avais relâchée quoiqu'elle fût dans le même cas que le *William-
Wilson* et le *Citoyen;* mais j'étais fatigué de trouver tant d'occasions d'agir contre les recommandations qui m'étaient faites concer-
nant les bâtiments américains, et je donnai la liberté à celui-là, me
bornant à écrire sur son journal que tous les bâtiments de Sa
Majesté avaient ordre de détruire les navires américains qui porteraient des vivres ou des munitions aux armées anglaises en Portugal ou en Espagne.

Parvenu au 39° de latitude et au 35° de longitude, les mauvais
temps commencèrent. Je voulais voir Corvo pour rectifier mon
point. La montre marine n° 31 que j'avais eue trop tard entre les
mains au Havre n'avait pu être bien réglée avant le départ, et
dans toute ma campagne, je ne naviguai que sur mes seules observations. Le temps forcé m'empêcha de voir Corvo comme je le
désirais, mais je pus courir assez de temps sur la latitude pour
m'assurer que mon estime était trop est, et que ma longitude
observée méritait la plus entière confiance.

Depuis le 17 février jusqu'au 27 que je suis arrivé, le temps a
été une tempête presque continuelle. Dans la nuit du 19 au 20
surtout, et dans la journée du 22, le vent et la mer devinrent ce
que je ne les avais jamais vus. J'eus néanmoins le bonheur presque
inconcevable de ne pas démâter, de ne pas faire la plus légère
avarie, de ne pas perdre un seul homme ; et j'ai l'honneur d'observer à Votre Excellence que le fait peut être remarqué comme bien
extraordinaire vu l'extrême violence de la tempête, sa longue durée
et l'effroyable grosseur que la mer avait acquise. Le 23 dans
l'après-midi, nous eûmes la sonde sur l'accore de l'ouest de la
Grande Sole. Nos observations nous y plaçaient avec une précision parfaite. Je crus que les vents d'ouest dureraient assez de
temps encore pour nous conduire au port ; mais le 24 ils cessèrent,

et il fallut attendre une nouvelle occasion. Je me plaçai sur le passage le plus fréquenté par les bâtiments qui entrent dans la Manche ou qui en sortent, et j'y croisai pendant deux jours avec un temps assez maniable.

Le 25, au matin, la tempête recommença et devint bientôt furieuse. A une heure après midi, j'eus connaissance d'un bâtiment devant moi. Je me dirigeai dessus sous la misaine et le grand hunier, et je le reconnus bientôt pour une corvette anglaise. Elle me fit des signaux, et quand elle nous eut reconnus, elle augmenta de voile pour s'échapper, sans égard aux suites terribles qui pouvaient résulter pour elle de cette détermination. J'en fis autant qu'elle; mais ma position était bien moins critique que la sienne. Je puis dire sans aucune exagération que cette corvette était plus souvent sous l'eau que dessus. A deux heures et demie, je l'atteignis; son capitaine manœuvra parfaitement, je me plais à lui rendre cette justice qui lui est due et que tout marin lui rendra comme moi; il jugea combien de nombreux mouvements pouvaient compromettre ma mâture dans une frégate surchargée de voiles et avec un semblable temps; et, virant plusieurs fois subitement lof pour lof, il me força à l'imiter pour le suivre et rendait ainsi nul l'avantage de marche que j'avais sur lui, car mes mouvements beaucoup plus lents que les siens en raison de nos longueurs respectives lui donnaient à chaque virement de bord une avance qu'il fallait lui regagner à chaque fois. Je ne pouvais lui envoyer que de temps en temps quelques coups de caronade des gaillards, et encore la mer était-elle si grosse que tous ces coups étaient extrêmement incertains. Enfin, à trois heures et demie, ayant atteint presque son travers sous le vent, il tenta pour la dernière fois la manœuvre qu'il avait déjà faite. Il laissa arriver subitement sur mon avant, mais nous étions alors si près l'un de l'autre qu'il faillit tomber sur mon beaupré, et que si je ne fusse pas venu au vent, je lui passais sur le corps. Alors, il se trouva sous le vent à moi, et saisissant entre deux lames un mouvement d'embellie, je pus ouvrir ma batterie et lui tirai deux volées qui l'écrasèrent et m'en rendirent maître.

Une grande difficulté restait à vaincre, c'était d'amariner la prise. La mer était grosse à faire presque désespérer d'une embarcation qu'on y exposerait, et la nuit approchait. Mais l'enseigne de vaisseau Fournier, mon second, me donna dans cette circonstance une nouvelle preuve de son courage et de son dévouement. Suivi de l'aspirant de 1re classe Lachesnez et de cinq braves gens, il s'embarqua dans une yole et parvint à bord de la corvette après mille efforts aussi opiniâtres qu'habilement tentés. Je me plaçai successivement au vent et sous le vent à lui et le plus près possible pour envoyer et recevoir les canots, et, dans cette position, je pus prendre le capitaine anglais, ses officiers et une partie de l'équipage; mais cela me coûta ma yole, mon canot et le canot major. J'appris que la prise était la corvette de S. M. Britannique *le Linnet*, armée de quatorze caronades de 18, de deux canons de 6 et de soixante-quinze hommes d'équipage. La nuit se fit, et nous restâmes à la cape l'un à côté de l'autre.

Il me restait une chaloupe; mais le temps, loin de s'adoucir, était encore devenu plus mauvais. Cependant, la mâture de la prise étant fort endommagée, je ne trouvai pas prudent de me charger de ce bâtiment pour mon atterrage, et je résolus de le couler. Mais il était d'abord urgent d'en ôter le reste des Anglais, afin que dans le cas où la chaloupe ne pourrait faire qu'un voyage, les Français qui demeureraient à bord y fussent en pleine sécurité. Le premier voyage se fit heureusement; mais au second, comme la chaloupe retournait pour la dernière fois, elle aborda la frégate et coula le long du bord, ne nous laissant que le temps d'en sauver l'équipage.

Une pirogue défoncée était le seul moyen qui me restât de ravoir mon monde; je la fis réparer promptement avec des prélarts, et cinq hommes intrépides furent à bord de la corvette, mais ils n'en purent ramener que deux hommes, et ils en laissèrent encore vingt, non compris M. Fournier et son aspirant. Je ne voulus pas faire tenter un second voyage, et je résolus d'attendre une embellie, quoique j'y comptasse peu, le baromètre étant toujours à la tempête. Malheureusement, en rembarquant la pirogue, un coup de mer survint et l'emporta sans aucune ressource. Dans le même temps, M. Fournier, qui était parvenu à réparer à son bord le seul canot auquel nos boulets eussent laissé quelque solidité, le perdit aussi en voulant le débarquer, et tout moyen de communiquer nous fut désormais ôté. Il ne me restait plus de ressources que de lui donner une remorque, et je m'y arrêtai. Après bien des tentatives que la dureté excessive de la mer rendit inutiles, je parvins à lui envoyer une bouée et ensuite un grelin neuf de dix pouces. A une heure la remorque était bien installée, et, pleins de satisfaction, nous courions sur la côte de France.

Cet état heureux ne devait pas durer, et de nouvelles contrariétés nous étaient encore réservées. A deux heures, une frégate parut à deux lieues sous le vent à nous, tenant la cape à contrebord. A quatre heures, la remorque cassa, et malgré tous nos efforts, nous ne pûmes parvenir à la redonner avant la nuit. Cependant, M. Fournier, qui connaissait l'intention où j'étais de ne point l'exposer avec un bâtiment en mauvais état dans un atterrage où je pouvais rencontrer l'ennemi en force, me héla qu'il se disposait à revenir à bord sur un ras avec son monde. En conséquence, je me plaçai sous le vent à lui, et le nommé Léger, quartier-maître, fut à la nage lui porter une haussière pour va-et-vient. Mais le vent forçant toujours, la haussière cassa, et la nuit s'étant faite avant que le ras fût à la mer, il fallut remettre l'opération au lendemain.

Je hélai à la corvette que je me dirigerais sur Ouessant dans la nuit, que ma route serait l'ouest-sud-ouest, qu'elle eût à me suivre avec toute la voile qu'elle pourrait faire, que je l'observerais de très près; mais que, dans tous les cas, nous étions à trente lieues dans l'ouest 1/4 nord-ouest corrigé de l'île de Bas, et le vent alors à l'ouest-nord-ouest, nous avions vent arrière pour y aller. Tout se passa fort bien jusqu'à dix heures et demie, mais à cette heure j'aperçus un trois-mâts sous le vent à moi; un instant après, il me fit des signaux que je ne compris pas; je ne doutai point qu'il ne fût ennemi, et ma prise étant à deux portées de fusil dans ma hanche, je virai lof pour lof pour la prévenir et lui ordonner

de faire route pour Morlaix. J'en étais à peine à la moitié de mon
évolution que le bâtiment ennemi, dont il était impossible de dis-
tinguer les amures à cause de l'obscurité, se trouva sous mon
beaupré à contre-bord, et dans un moment où, étant vent arrière,
je filais huit nœuds. Je n'eus que le temps de revenir un peu sur
tribord, et cela fut fort heureux, car un abordage dans cette circonstance entraînait presque certainement la perte des deux bâtiments. Nous nous passâmes à moins de dix pieds l'un de l'autre.
Votre Excellence daignera sans doute considérer que dans de semblables occasions il est difficile de juger avec bien de la précision.
Je ne saurais donc décider si le bâtiment dont il s'agit est une frégate ou une très grande corvette. Je pencherais pour cette dernière opinion, en raison des longueurs des deux bâtiments qui ne
me parurent pas tout à fait égales. Mais le coup de vent était dans
sa force, et nous nous passâmes si près que la mer qui jaillissait
devant le bâtiment étranger me couvrit sur le gaillard d'arrière, et
je ne puis affirmer de quelle force il était (1). J'achevai mon mouvement qui me portait sur ma prise ; mais soit que voyant des
signaux ennemis, elle eût arrivé, soit qu'elle eût passé derrière
moi en continuant sa route, je ne la vis plus, et demeurant sous
les huniers au bas ris, je n'aperçus que le nouveau bâtiment qui
avait reviré sur moi et qui faisait de nouveaux signaux dans mes
eaux. Nous demeurâmes à vue l'un de l'autre pendant vingt
minutes, courant tous deux le bord du nord-est ; je désirais l'emmener à cette aire de vent qui l'écartait entièrement du relèvement
du *Linnet ;* mais à onze heures et demie, un fort grain étant sur-
venu, je le perdis de vue. A une heure et demie, je revirai et je
courus au sud 1/4 sud-ouest 1/2 ouest où je supposais ma prise. Au
jour, j'aperçus une voile que je crus être elle ; mais c'était un brick
du commerce. Comme je larguais un ris pour m'en emparer, mon
grand hunier fut emporté, et j'y renonçai, d'autant que la mer ne
m'aurait pas permis d'en prendre possession. Alors, me trouvant en
latitude d'Ouessant, je laissai porter pour Brest où j'avais résolu

(1) C'était la frégate anglaise *l'Andromaque.*

d'entrer, jugeant qu'il serait agréable à Votre Excellence d'y savoir la frégate de Sa Majesté.

Le 27, à dix heures du matin, j'aperçus la terre, j'étais au milieu de l'Iroise, quoique je n'eusse point eu de latitude observée la veille; je donnai dedans aussitôt, et à quatre heures et demie du soir, j'étais mouillé en rade de Brest, après soixante-douze jours de mer.

Tel est, Monseigneur, le résultat de la campagne que Votre Excellence m'a ordonnée. J'évalue le tort fait aux ennemis de Sa Majesté à 4 millions et demi. Tout a été détruit, à l'exception de 20 milliers de cacao et de 4,000 de café que j'ai distribués à mon équipage. Cette part de prise servira à remonter les forces de mes hommes qui ont beaucoup souffert pendant cette pénible croisière. Les deux compagnies du 34° de haut bord ont fait de grandes pertes, et le corps obligé à de grandes dépenses pour les réparer trouvera une ressource utile dans la petite propriété de chacun. Du reste, l'équipage s'est très bien conduit; je n'ai que des éloges à ajouter à ceux que j'ai déjà eu plusieurs fois l'honneur d'en faire à Votre Excellence. Pleins de zèle et de courage, il ne manque aux jeunes gens qui composent les deux compagnies, et dont la presque totalité vient de faire sa première campagne, que la force que l'âge seul peut donner. Quant à l'esprit, il est excellent.

J'ai fait trois cent quatre-vingt-seize prisonniers. J'en ai échangé quatre-vingt-seize par le cartel du *Spy;* j'ai quatre-vingt-douze Anglais à bord, et les autres, Portugais et Espagnols, ont été renvoyés en différentes fois à Madère, sans échange, comme j'ai eu l'honneur de le dire à Votre Excellence.

La frégate *la Gloire,* après avoir essuyé tant de mauvais temps, n'a éprouvé aucune avarie majeure. Seulement, le grand mât et le beaupré, étant trop faibles, étaient flexibles, et ont besoin d'être mis à terre pour être visités. Du reste, Sa Majesté ne possède pas une meilleure frégate que la *Gloire;* je ne crois pas que rien de plus parfait ait jamais existé : sa marche est supérieure à tout ce que j'avais vu jusqu'ici, et j'ai été récompensé avec usure, par les qualités de ma frégate, des soins que j'ai mis pendant si longtemps à son installation.

Qu'il me soit permis maintenant, Monseigneur, de vous entretenir de mes officiers ; c'est autant un plaisir pour moi qu'un devoir. J'ai l'honneur d'affirmer à Votre Excellence que Sa Majesté n'a pas de plus zélés serviteurs. Il n'y a sorte de satisfaction qu'ils ne m'aient donnée depuis qu'ils sont sous mes ordres, et je dois ajouter aux éloges que j'ai déjà eu l'honneur de vous en faire ceux que la campagne leur a mérités. J'ai trouvé en eux tout ce que je pouvais attendre de jeunes officiers pleins de dévouement et d'honneur ; ils n'aspiraient qu'après les occasions d'en donner des preuves, et dans les circonstances difficiles qui se sont présentées, je les ai toujours trouvés préparés aux obstacles, et je dois beaucoup à leurs bons services, qui m'ont aidé à les surmonter. Je prendrai la liberté d'adresser incessamment à Votre Excellence mes sollicitations pour les grâces que je la prie d'accorder à plusieurs de ces messieurs et des aspirants, et j'ose l'assurer qu'elles ne peuvent être mieux placées.

Je ne terminerai pas, Monseigneur, sans fixer particulièrement votre attention sur M. Fournier, mon second, qui tient une place si honorable dans ce rapport. Votre Excellence connaît déjà cet officier, et elle a eu la bonté de m'écrire, avant mon départ, que son intention était de lui accorder incessamment le grade de lieutenant de vaisseau ; les services qu'il a rendus dans cette dernière campagne lui donnent de nouveaux droits aux grâces de Sa Majesté. Je supplie Votre Excellence de remarquer que sa conduite dans l'amarinage du *Linnet* est digne des plus grands éloges ; la circonstance était telle qu'il fallait un courage peu commun pour agir comme il l'a fait, et je le recommande particulièrement à votre justice autant qu'à vos bontés.

Au moment où je finis, la corvette *le Linnet* entre en rade et sera mouillée dans dix minutes. Ce dernier événement de ma croisière aura donc eu comme les autres une heureuse issue, et rien ne manquera à ma satisfaction si Votre Excellence, contente de ma conduite, daigne me le témoigner par quelques mots d'approbation,

prendre intérêt à l'avancement de mes officiers et mettre aux pieds
de Sa Majesté l'hommage respectueux de notre fidélité et de notre
dévouement.

J'ai l'honneur d'être, etc.

Signé : ROUSSIN.

III

*Lettre du ministre de la marine et des colonies au capitaine de
frégate Roussin, commandant la frégate* la Gloire.

Paris, le 18 mars 1813.

J'ai reçu, Monsieur le commandant, votre rapport du 28 février
sur la campagne de soixante-douze jours que vous venez de faire à
bord de la frégate *la Gloire,* sous votre commandement. J'en ai
rendu compte à Sa Majesté, et je suis fort aise d'avoir à vous
transmettre un témoignage de sa satisfaction sur le zèle que vous
avez porté dans cette croisière, et sur la bonne conduite des officiers et de l'équipage de la frégate *la Gloire.*

Veuillez prendre sans délai les ordres du préfet maritime, pour
procéder à ce que peuvent exiger les réparations de la frégate, afin
d'être en état de reprendre la mer le plus tôt possible. Donnez tous
vos soins à la conservation de votre équipage et au maintien du
bon esprit qui, l'attachant à la frégate qu'il monte et au corps dont
il fait partie de préférence à tout autre, est un garant assuré contre
la désertion, et un augure de succès dans toutes les circonstances.

Signé : Duc DECRÈS.

D

Le duc Decrès, poursuivant son système de guerre de course contre le commerce ennemi, demanda aux capitaines des frégates de l'escadre de Brest des plans de croisières. Le capitaine de la *Gloire,* en envoyant le sien, reproduisit le projet qu'il avait déjà conçu avant son départ du Havre, et auquel il avait dû renoncer à cause de l'inexpérience de son équipage. Il s'exprimait ainsi dans son rapport au ministre :

« Je crois qu'avant de rentrer en France, un coup de main « audacieux serait praticable sur les côtes mêmes d'Angleterre. « J'ai eu le projet de m'emparer de Milford Haven, dans le comté « de Pembrock ; j'y avais beaucoup songé au Havre, avant ma « dernière campagne, et par les renseignements que j'avais, je n'y « trouvais pas d'obstacles insurmontables. Un vaisseau de 74 et « une frégate s'y trouvaient en construction, et le chantier était « protégé par une batterie qu'on laisse à bâbord en entrant. Celle-ci « pouvait facilement être enlevée avec cent cinquante hommes bien « conduits et débarqués dans la nuit. La frégate serait entrée au « point du jour. Les deux attaques étant faites de concert, il y « avait peu de doute sur leur succès, et dans quatre heures on « pouvait être dehors, après avoir mis le feu au chantier. J'avais « cent vingt-deux conscrits marins et soldats en partant du Havre, « et je dus renoncer à tenter rien de semblable ; mais il me semble « qu'avec un équipage plus aguerri, ce coup de main sur Milford « Haven peut réussir. »

Ce projet montre la hardiesse des conceptions du capitaine Roussin. Ses actes témoignent de la réflexion et de la vigueur avec lesquelles il en aurait préparé et assuré l'exécution.

E

—— —— — — ———————

Le ministre de la marine à M. le baron Roussin.
capitaine de vaisseau.

Paris, le 28 septembre 1818.

Monsieur, après avoir lu avec le plus vif intérêt le rapport dans
lequel vous avez exposé les détails des diverses opérations exécutées cette année, le long des côtes d'Afrique, par les deux bâtiments sous vos ordres, je me suis empressé de mettre sous les yeux
du Roi les titres que des services aussi distingués vous donnent à
sa bienveillance. J'ai rendu compte à Sa Majesté des résultats des
deux campagnes successives dans lesquelles vous avez continué
jusqu'aux îles de Loss, au sud des établissements français de Saint-
Louis et de Gorée, les reconnaissances entreprises par le chevalier
de Borda en 1776, mais que ce savant navigateur n'avait pas pro-
longées au delà du cap Bojador. J'ai particulièrement insisté sur
les difficultés que présentait l'exploration de l'archipel des Bissagos,
au milieu duquel vous vous êtes porté avec vos deux bâtiments, et
dont vous avez reconnu et sondé avec le plus grand soin les divers
passages, partout où il vous a été possible de pénétrer.

L'intrépidité avec laquelle vous avez affronté les dangers d'une
pareille expédition, la prudence dont vous avez fait preuve en y
échappant, et l'infatigable activité qui vous a conduit aux résultats
que vous avez obtenus, ont paru au Roi dignes des plus grands
éloges ; et Sa Majesté m'a chargé de vous en exprimer sa satisfaction, en même temps que son regret de ne pouvoir accéder à la
demande que je lui avais faite pour vous du titre d'officier de

l'Ordre royal de la Légion d'honneur, par la seule raison qu'il n'y a maintenant dans ce grade aucune place vacante à laquelle il soit possible de nommer.

Les bons témoignages que vous m'avez rendus des services de divers officiers de marine et de M. Givry, ingénieur hydrographe, qui étaient embarqués sous vos ordres, m'ont paru mériter d'être pris en considération. Ce dernier doit principalement à votre suffrage la grâce qu'a daigné lui faire Sa Majesté, en le nommant chevalier de l'Ordre royal de la Légion d'honneur; et j'espère avoir bientôt à vous donner avis du succès de vos demandes en faveur des autres. J'aurais désiré, Monsieur, vous annoncer celui de la proposition que j'avais faite pour vous, personnellement à Sa Majesté; mais vous devez vous trouver dédommagé par le suffrage d'un monarque, juste appréciateur de vos talents, et par l'honorable regret qu'il a témoigné de ne pouvoir vous en donner dès à présent la récompense.

Signé : Comte MOLÉ.

F

I

Le capitaine de vaisseau commandant la frégate la Clorinde *au contre-amiral baron Roussin, commandant la station navale dans l'océan Pacifique.*

Valparaiso, 25 janvier 1823.

Mon général,

Je crois devoir vous soumettre quelques nouveaux détails sur un objet dont j'ai déjà eu l'honneur de vous entretenir : l'embarquement de fonds à bord des bâtiments de Sa Majesté.

Dernièrement, lorsque j'étais sur la côte des Intermedios occupé de la protection de nos bâtiments marchands, je crus devoir permettre, pour faciliter l'opération du navire *le Télégraphe,* et ainsi que j'en ai rendu compte au ministre, le dépôt sur la frégate *la Clorinde* des capitaux des passagers espagnols qu'emportait le *Télégraphe,* ceux-ci ayant fait de cette faveur la première condition de leur embarquement. Ils chargèrent un négociant français, que je reçus à ses frais à bord de la frégate, de veiller à leurs intérêts de manière que je n'eusse point à m'en occuper.

En d'autres circonstances, j'ai vu les capitaines et subrécargues français très embarrassés, parce qu'après avoir dû à la frégate la sécurité de leurs bâtiments que menaçaient les corsaires qui assiègent la côte, ils avaient besoin contre eux d'une protection bien plus efficace après avoir converti leurs cargaisons en valeurs métalliques. Quelquefois même, mais rarement, j'ai reçu sans fret

8

ces valeurs à bord. Le plus souvent, elles furent placées sous mes yeux sur les bâtiments de guerre anglais ou des États-Unis d'Amérique, qui souriaient en recevant de nos propres bâtiments les avantages qu'ils sont accoutumés à retirer des bâtiments de leurs nations.

Je vous avouerai avec franchise que ne pouvant recevoir un fret pour ces dépôts, je ne m'y prêtais qu'avec répugnance, parce que ces mouvements de fonds entraînant toujours avec eux une sorte de responsabilité, je ne me souciais pas de m'y soumettre. D'un autre côté, les capitaines eux-mêmes, responsables envers leurs armateurs, aimaient mieux aller compter le fret à bord des bâtiments de guerre étrangers et y trouver les garanties qu'ils sentaient qu'ils ne pouvaient me demander.

Je ne vous dirai point les avantages attachés à cet ordre de choses. Il en est de généraux et de particuliers, qui en Angleterre sont réglés par ordonnances du gouvernement, et que les États-Unis d'Amérique ont admis; mais, étant au moment, avant de rentrer en Europe, de me porter une seconde fois sur la côte des Intermedios, je vous prierai de vouloir bien m'aider de vos conseils sur une résolution à laquelle je m'étais à peu près arrêté avant votre arrivée dans ces mers.

Je dois vous dire que toutes les opérations relatives au transport de fonds à bord des bâtiments de guerre étrangers, et dont je viens d'être témoin pendant plus de six mois, se passent à ces bords avec tant de méthode, de ponctualité et de publicité, que l'ordre admirable qu'on y remarque n'est altéré en rien. Dans ces marines, on ne croit pas qu'un officier, en acquérant quelque fortune, perde de ses vertus militaires. Loin de là, on a l'exemple que la plupart des capitaines font tourner à l'éclat de leur arme des richesses que leur ont méritées de longs services. Et en second lieu, je n'ai jamais entendu dire qu'un officier subalterne s'y soit montré jaloux des avantages de ses premiers chefs, tous ayant l'espoir avec une conduite honorable d'en jouir à leur tour.

Je ne doute pas qu'à mon retour aux Intermedios, et avec la favorable impression que nous avons eu le bonheur d'y laisser, de

nouvelles et nombreuses instances me soient faites pour recevoir
des fonds à mon bord. Les Espagnols particulièrement aimeraient
bien mieux diriger leurs capitaux sur la France que sur l'Angleterre, où ils sont obligés de payer de nouvelles commissions pour
réaliser en Espagne ou sur le continent. Je m'attends donc à recevoir de nouvelles prières de leur part, et j'étais décidé à m'y
rendre en me conformant au règlement anglais qui pour ces détails
est d'une parfaite précision, et que je vous demande la permission
de vous adresser inclus.

Tel est, mon général, l'objet sur lequel je désire recevoir vos
conseils qui feront ma loi invariable, car personne ne professe pour
vous une plus haute estime, un plus grand dévouement, et plus de
respect que, etc...

Signé : Baron DE MACKAU.

*Réponse du contre-amiral baron Roussin, chef de la station fran-
çaise sur les côtes occidentales de l'Amérique du Sud, au commandant de la* Clorinde.

Valparaiso, 25 janvier 1823.

MONSIEUR LE CAPITAINE,

J'ai reçu la lettre que vous m'avez écrite touchant les dépôts de
fonds que les commerçants français et étrangers vous ont souvent
demandé de faire sur votre bâtiment et que vous prévoyez qu'ils
vous demanderont encore pendant le reste de votre station sur ces
côtes.

Devez-vous, ou non, vous prêter à ces dépôts? Telle est la question que vous m'adressez.

Ma destination pour les mêmes parages où je devais avoir à
m'occuper de cette question, m'a porté, il y a quelque temps, à la
soumettre au ministre de la marine, et à lui exposer les avantages
généraux que les gouvernements d'Angleterre et des États-Unis

d'Amérique retirent de la résolution qu'ils ont prise à ce sujet.

Le ministre a été frappé de ces avantages incontestables. Il leur a toutefois opposé une considération qui lui a paru assez forte pour les balancer. J'ai cru devoir prendre la liberté de la combattre par des raisonnements dont je crois que le poids sera senti ; mais le ministre ne m'ayant pas encore fait connaître la manière dont il les appréciait, j'attendais respectueusement sa réponse.

Aujourd'hui, les observations que vous m'adressez d'après l'état des choses ici, et dont mon séjour sur les lieux me démontre l'à-propos, exigeant une prompte décision, je n'hésite pas à la prendre et je la transmets ici.

Le blocus décrété par le gouvernement de Lima, sur les côtes précisément les plus favorables aux spéculations du commerce, et les pirateries auxquelles il donne lieu, me font considérer comme une conséquence inséparable de la mission des bâtiments du Roi la réception à leur bord des valeurs appartenant aux sujets de Sa Majesté. Se refuser à ce dépôt, quand elles sont ainsi menacées, serait entièrement contraire au but que le gouvernement s'est proposé, de protéger nos intérêts commerciaux ; car cette protection deviendrait illusoire, si, après avoir facilité les opérations de nos bâtiments de commerce, elle cessait au moment où le produit de leurs cargaisons étant réalisé, il se trouve le plus exposé aux pillages dont ces côtes sont déjà et vont devenir le théâtre.

En outre, le recours aux bâtiments de guerre étrangers, quand les nôtres sont présents, indépendamment de ce qu'il aurait d'inexplicable, aurait encore le désavantage de faire passer par l'Angleterre ou les États-Unis d'Amérique des retours dont la promptitude dans des spéculations si longues est toujours une nécessité pour les intéressés.

Quant aux dépôts de valeurs étrangères, les mêmes motifs ne les recommandent pas, il est vrai ; mais il y en a de généraux qui me paraissent également déterminants. Ces dépôts prouveront la confiance en notre pavillon sur des parages nouveaux pour nous. Ils tendront à faire participer la France aux avantages dont l'Angleterre et les États-Unis d'Amérique ont été jusqu'à présent exclusivement possesseurs. Ils ne peuvent pas manquer de faciliter les liaisons politiques que nous recherchons, dont les circonstances actuelles provoquent la formation, et que nos compétiteurs préparent évidemment à leur profit par ce moyen.

Mais l'adoption de ce système entraîne nécessairement celle des conditions qui y sont attachées. Les propriétaires de dépôts ont droit à une garantie au moins morale de leurs intérêts; et, selon l'usage sanctionné par les règlements anglais, le capitaine qui reçoit les fonds se porte à la donner. Cette garantie, qui ne comprend ni les dangers de la navigation ni ceux de force majeure, est naturellement assurée dans un bâtiment de guerre français par le bon ordre qui y règne.

Par compensation pour cette garantie, les dépôts de fonds donnent lieu au versement d'une prime dont un acte du parlement anglais a réglé la quotité suivant les lieux et le trajet à parcourir, soit qu'il s'agisse de valeurs appartenant à l'État ou à des particuliers.

Ici doit s'arrêter mon intervention sur une matière à l'égard de laquelle la nécessité seule me force de prendre l'initiative. La nécessité de cette mesure me paraît évidente. Les conditions réciproques qui en dérivent doivent être soumises à la sanction du gouvernement, parce qu'elles touchent chez nous à des considérations dont il n'appartient qu'à lui de fixer le rang.

Je vous autorise provisoirement, Monsieur le capitaine, à recevoir à bord de la frégate *la Clorinde* les capitaux que les commerçants français et étrangers vous demanderont à y mettre en sûreté. Reçu en sera donné dans la forme usitée dans les marines d'Angleterre et des États-Unis d'Amérique; mais la prime qu'il stipulera d'après les mêmes usages sera versée aussitôt votre arrivée en France entre les mains du gouvernement, qui prononcera sur sa destination.

Cette mesure donnera lieu à une comptabilité officielle ostensible qui sera tenue par le commis d'administration du bâtiment, sous votre inspection, et dont vous me rendrez compte.

Signé : Baron Roussin.

II

A Monsieur le commodore Prescott, commandant la frégate Aurora
et la station anglaise dans l'océan Pacifique.

Callao de Lima, 28 mai 1823, à bord de la frégate *l'Amazone.*

MONSIEUR LE COMMANDANT,

La distance à laquelle nous sommes de nos gouvernements et
l'incertitude qui en résulte touchant leurs rapports réciproques
nous permettent encore toutes les conjectures que peuvent motiver
nos opinions personnelles, et il reste quelque espoir de voir se dissiper les bruits hostiles qui se sont répandus.

Je désire sincèrement que cet espoir se réalise. La part que j'ai
prise pendant vingt-cinq ans à une guerre acharnée me porte à
faire des vœux pour que les peuples et les gouvernements revien-
nent à des sentiments de bienveillance mutuelle que leur bonheur
réclame avec tant de force. Ces sentiments me dictent la démarche
que je fais en ce moment. Je pense que s'il ne dépend pas de nous
de rien retrancher de la rigueur de nos devoirs après que nos gouvernements auront parlé, nous pouvons du moins jusque-là chercher tous les moyens qui dépendent de nous pour l'adoucir, et tant
qu'il nous restera du doute, prendre le parti le plus doux jusqu'à
ce que des ordres aient forcé nos penchants personnels.

Une circonstance de cette nature se présente. Nous sommes dans
un pays dont l'existence politique n'étant pas officiellement reconnue, sa neutralité peut être contestée. Le hasard qui a fait que la
disproportion des forces navales anglaises et françaises qui s'y
trouvent n'est pas à l'avantage des premières, peut vous causer des
inquiétudes que trop d'exemples justifient pour ne pas les concevoir. Je veux les détruire. Je vous donne ma parole qu'à moins
d'ordres précis de mon gouvernement, que je me plais encore à ne

pas supposer, je ne violerai pas la neutralité de ce port, des autres ports du Pérou et du Chili qui se trouveront dans le même cas.

Telle est, Monsieur le commandant, la conduite que me dicteront toujours mes sentiments quand il me sera possible de leur obéir. Ils me seront inspirés par tout ce qui a de l'empire sur les âmes élevées, le désir de ramener la guerre, si elle doit se renouveler entre nous, à des principes de noblesse, de modération et de loyauté dont nous l'avons trop vue s'affranchir. Il appartient aux plus simples individus de faire revivre ces principes. C'est l'exemple des hommes généreux qui y ramènera les gouvernements, car la morale publique n'est que l'expression des vertus privées.

Pénétré de ces sentiments, je suis heureux d'avoir pu saisir cette occasion de les exprimer envers un officier auquel j'ai voué, depuis longtemps, une haute estime et un parfait attachement.

Signé : Baron Roussin.

Réponse du commodore Prescott au contre-amiral Roussin.

Monsieur le Baron,

Je ne veux pas m'en rapporter à mon mauvais français pour vous exprimer mon admiration des nobles sentiments contenus dans votre lettre de ce jour. Je suis heureux de pouvoir dire que la conduite que je me propose de suivre ici est conforme à la vôtre. J'espère encore que nous éviterons cet événement ; mais s'il était décrété que les Français et les Anglais dussent encore se considérer comme ennemis, je n'oublierais jamais le plaisir et les avantages qui sont résultés pour moi de la connaissance des excellents officiers de marine de votre nation, ni spécialement la vénération que j'ai conçue pour les talents supérieurs et les principes de générosité et d'honneur qui ornent le caractère du baron Roussin, de l'estime et de l'amitié duquel je m'honorerai toujours.

Signé : H. Prescott.

*Le contre-amiral baron Roussin au président de la République du
Pérou, le maréchal de camp Don Riba de Aguerro.*

A bord de l'*Amazone*. Au Callao, 11 juin 1823.

EXCELLENCE,

Les nouvelles dernièrement reçues d'Europe, quoique non officielles encore, sur la situation politique de ce pays, font craindre
de voir les hostilités y succéder à la paix dont jouissait le monde.
On parle d'une guerre entre la France et l'Espagne, et un tel
événement intéressant d'autres États ou leur servant de prétexte,
il s'ensuivra qu'avant peu, chaque puissance belligérante aura des
auxiliaires.

Dans cet état de choses, le gouvernement de la République
péruvienne désirera, comme celui du Chili, savoir quelle sera la
conduite des forces navales françaises par rapport à ces pays pendant la guerre contre l'Espagne. Je crois de mon devoir de lui
donner à ce sujet toute la satisfaction qui, à la distance où je suis
de mon gouvernement, peut dépendre de moi.

Je n'ai pas les pouvoirs nécessaires pour prendre des engagements pour l'avenir; mais, libre jusqu'à ce que de nouveaux ordres
me parviennent, de me guider d'après les sentiments de modération dont je m'honore, je me propose de considérer les ports et
rades armés de la République péruvienne comme jouissant de tous
les droits de la neutralité.

Les forces navales que je commande s'y présenteront donc
comme loyalement neutres envers tous pavillons quelconques, tant
que ces pavillons ne s'y permettront contre elles aucune hostilité.

Je ne doute pas que de son côté le gouvernement de la République ne soit dans la ferme résolution de maintenir envers tous
cette doctrine qui consacre la juste et noble prétention de tout
État qui se respecte. En me félicitant d'y avoir le premier rendu
hommage dans cette circonstance, j'adresse à Votre Excellence

comme témoignage de la sincérité de mes sentiments la correspondance que j'ai eue le 28 du mois dernier avec M. le commandant
Prescott de la frégate anglaise *Aurora*.

Signé : Baron ROUSSIN.

Réponse du ministre des relations extérieures de la République
du Pérou.

Lima, 12 juin 1823.

S. E. le Président de cette République a vu avec la plus grande
satisfaction la note importante de M. le commandant en chef des
forces navales de Sa Majesté Très Chrétienne dans l'océan Pacifique, et les copies qui l'accompagnent, manifestant la conduite
que M. le baron se propose de tenir par rapport à ce pays, jusqu'à
ce qu'il ait reçu des ordres de son gouvernement relativement aux
nouvelles répandues d'une guerre en Europe, et dans le cas où ces
nouvelles se réaliseraient.

Son Excellence a lu la copie de la note adressée par M. le baron
au capitaine Prescott de la frégate anglaise *Aurora,* et il est pénétré de l'admiration qu'inspirent la générosité et la philanthropie
qui y règnent et qui honoreront perpétuellement son auteur et la
nation à laquelle il appartient.

Le gouvernement de la République est animé des mêmes sentiments que M. le baron touchant la neutralité de ses ports, et il se
complaît dans cette conformité d'opinions, dans laquelle il se
maintiendra avec la plus religieuse fidélité.

Le ministre des relations extérieures a l'honneur d'offrir à Monsieur le commandant en chef des forces navales de Sa Majesté Très
Chrétienne, l'hommage des sentiments d'estime et de considération
les plus distingués.

Signé : F. VALDIVIESO.

Le contre-amiral baron Roussin au capitaine du navire le
Duquesne, *le plus ancien des capitaines du commerce français
à Lima.*

Callao, 15 juin 1823.

MONSIEUR,

J'ai l'honneur de vous adresser, pour que vous en fassiez part
aux commerçants français dans cette résidence, copie de ma correspondance avec M. le commandant de la station anglaise et le
gouvernement de la République péruvienne.

Il résulte de cette correspondance, comme vous le verrez, que ce
gouvernement est dans la ferme résolution de demeurer neutre et
de faire respecter sa neutralité pendant la guerre dont l'Europe est
menacée. M. le capitaine Prescott est dans les mêmes sentiments.

Je me félicite que mes déclarations aient eu ce résultat; elles
m'ont été suggérées par le désir d'être utile au commerce français
et par les sentiments ordinaires à notre nation dont je m'honore
d'être pénétré.

M. le capitaine de la corvette *la Pomone* à Valparaiso, que j'ai
chargé d'exprimer les mêmes sentiments au gouvernement du Chili,
en a reçu les mêmes assurances que celles que je vous transmets.
Vous avez donc la certitude de trouver asile et protection dans les
ports indépendants du Pérou et du Chili, et il m'est agréable
d'avoir pu par cette démarche montrer au commerce français
l'intérêt que je lui porte.

Signé : Baron ROUSSIN.

III

La note suivante, recueillie dans les papiers de l'amiral Roussin, montre le projet qu'il avait formé de porter sa division dans les mers de l'Inde en cas de guerre, et ses regrets d'avoir dû y renoncer.

« En étudiant mes cartes, je m'arrêtai aux mers de l'Inde et de « Chine, que je connaissais pour les avoir longtemps pratiquées ; « et je formai le projet de porter ma division à la rencontre du « convoi de la Compagnie des Indes anglaises, qui sort de Canton « tous les ans à la fin de septembre au changement de mousson. « Je ne doutai pas de détruire ce convoi, d'en prendre au moins « une grande partie si je le rencontrais à l'entrée du détroit de « Malacca avec les avantages que donnent presque toujours à la « guerre l'imprévu de l'entreprise et la vigueur que je me promet- « tais de mettre dans l'exécution. Je me souvins de l'amiral Anson ; « j'avais été presque témoin de l'attaque, si bien conçue, du con- « voi de Chine en 1804 par la division du contre-amiral Linois ; je « savais les causes et les fautes qui l'avaient fait échouer, et j'espé- « rais les éviter.

« Je ne me dissimulai point cependant les difficultés de ce projet, « les grandes distances que j'aurais à franchir, les privations de « tout genre que mes équipages, formés au pied de paix et déjà « affaiblis par une longue navigation, auraient à supporter, le « défaut de relâches amies si la guerre existait quand j'aborderais « les colonies espagnoles, portugaises et hollandaises, situées à l'est « des détroits ; mais je connaissais les ressources naturelles de plu- « sieurs localités des mers de l'Inde et de Chine. Je savais que j'y « trouverais des abris, de l'eau, du riz, des bestiaux, des fruits « frais, abondants, des bois de mâture, des cordages et des tissus

« propres à la voilure ; je comptais surtout, comme je l'ai dit, sur
« l'imprévu de l'apparition de mes forces dans les mers de Chine,
« et sur l'avantage que j'en espérais. Je ne doutai pas un instant
« du succès, et résolus presque d'effectuer mon retour en France
« par l'ouest, en achevant le tour du monde ; je gardai mon secret
« cependant, même envers mes officiers, quoique je connusse leur
« ardeur, leur dévouement pour moi, et bien que plusieurs d'entre
« eux fussent mes amis. Prêt à partir dans les derniers jours de
« juillet 1823, je pouvais donc arriver à l'entrée du détroit de
« Malacca à la fin de septembre ou dans le courant d'octobre, et
« j'entrevis devant moi les plus belles chances.

    « Toutefois, en ma qualité de chef, je ne dus pas échapper à une
« réflexion que mon devoir me dictait impérieusement. Je n'avais
« pas la certitude que la guerre existât entre la France et l'Angle-
« terre. J'en avais, à la vérité, de très fortes probabilités ; mais
« elles ne suffisaient pas pour m'autoriser à prendre l'initiative des
« hostilités en quittant un port neutre. Il se pouvait, d'ailleurs,
« que je ne fisse une rencontre propre à m'éclairer sur l'état de l'Eu-
« rope, qu'après avoir parcouru un très long trajet, et consommé
« une grande partie de mes ressources. Cette réflexion, jointe à ma
« crainte d'encourir le reproche de piraterie en faisant acte d'hos-
« tilité sans avoir l'absolue certitude de la guerre, m'arrêta. Je ne
« pouvais et ne devais pas m'engager avec ma division dans une
« navigation qui n'embrasserait pas moins que le demi-diamètre
« du globe, sans avoir l'assurance positive que je n'aurais pas à
« encourir d'autres chances que celles de mes dangers personnels.

    « Étant donc préparé à tout, je quittai le Callao, et, non sans
« un vif regret, je me décidai à doubler le cap Horn pour rentrer
« dans les mers d'Europe. Jamais je n'avais fait un plus beau rêve
« terminé par un plus triste réveil. »

G

L'amiral Duperré, commandant l'escadre d'évolutions, au contre-amiral Roussin.

A bord du *Trident*, Toulon, 27 septembre 1824.

MONSIEUR LE CONTRE-AMIRAL,

En vertu des ordres du ministre de la marine, j'ai l'honneur de vous prévenir que vous devez quitter le commandement que vous aviez dans l'escadre, pour vous rendre à Paris et siéger au conseil d'amirauté. La quarantaine mettant obstacle à ce mouvement immédiat, vous pourrez en attendre l'époque sur la frégate *l'Amazone,* où je vais porter mon pavillon.

Dans cette dernière campagne, j'ai retrouvé en vous mon ancien compagnon d'armes dans les mers de l'Inde, et chaque jour ne peut qu'accroître les sentiments d'estime et d'attachement que je vous ai voués.

Le vice-amiral commandant l'escadre.

Signé : DUPERRÉ.

H

I

Instructions du ministre de la marine et des colonies pour le contre-amiral baron Roussin, appelé à remplir une mission au Brésil.

Paris, le 15 avril 1828.

Monsieur le baron, les journaux ont retenti, depuis quelque temps, des plaintes du commerce français au sujet des entraves qui lui sont suscitées au Brésil et de la lenteur que le gouvernement de ce pays met à faire droit aux justes réclamations des armateurs dont les navires ont été capturés dans la Plata par l'escadre brésilienne chargée de faire le blocus de l'entrée de ce fleuve.

Plusieurs navires français ont effectivement été arrêtés sous le prétexte qu'ils essayaient de violer ce blocus et conduits à Montevideo, où on les a mis sous le séquestre, spoliés ou vendus, contrairement aux droits des neutres.

Le gouvernement du Roi ne pouvait rester insensible à une telle violation des conditions des traités qui subsistent entre la France et le Brésil : des ordres ont été donnés à M. le marquis de Gabriac, ministre de Sa Majesté près de la cour de Rio-Janeiro, pour réclamer avec instance la restitution des navires indûment capturés par l'escadre brésilienne, ainsi que des indemnités en faveur des armateurs et chargeurs dont les intérêts se trouvaient fortement lésés par les empêchements mis à leurs spéculations.

Mais les négociations entamées à ce sujet ont rencontré des obstacles auxquels on ne devait pas s'attendre, et M. le marquis de Gabriac a demandé que la division navale française en station au Brésil fût rendue assez forte pour que le gouvernement brésilien pût craindre les suites d'une rupture avec la France, s'il s'obstinait plus longtemps dans son déni de justice.

Tel est, Monsieur le baron, le but de l'expédition qui se prépare, et dont le Roi vous a confié la direction.

La division dont vous allez prendre le commandement se composera des bâtiments ci-après désignés :

Le *Jean-Bart,* vaisseau de 74 ;

La *Terpsichore,* frégate de 60 ;

L'*Aréthuse,* frégate de 46 ;

La *Nymphe,* frégate de 46 ;

La *Railleuse,* goélette-brick de 16.

Une quatrième frégate, dont le choix n'est pas encore fait, vous sera envoyée de Toulon.

Enfin, il restera dans les ports du Brésil, après le départ de la frégate *la Surveillante,* qui va passer dans le Grand Océan :

L'*Isis,* corvette-aviso de 18 ;

Le *Cygne,* brick de 20 ;

L'*Iris,* goélette de 6.

Si M. le marquis de Gabriac, qui a demandé un congé pour revenir en France, manifeste le désir d'effectuer son retour sur un bâtiment du Roi, vous pourrez mettre à sa disposition un bâtiment qui le ramènera à Brest.

Après le départ de ce ministre plénipotentiaire, un chargé d'affaires du Roi aura la mission de suivre les négociations entamées près du gouvernement brésilien pour obtenir justice en faveur des propriétaires des navires français arrêtés dans la Plata. Dans ce cas, vous aurez à vous concerter avec cet agent diplomatique pour la part que vous êtes appelé à prendre à ces négociations ; et la présence des forces navales placées sous vos ordres contribuera sans doute à en assurer le succès.

Toutefois, Monsieur le baron, l'intention du Roi est qu'il ne soit fait aucune démarche qui puisse tendre à laisser des doutes sur le désir que Sa Majesté a de maintenir la paix entre la France et un pays où nos villes maritimes continuent d'entretenir des relations utiles, malgré les circonstances qui donnent lieu à nos réclamations.

Vous verrez d'ailleurs, en parcourant la correspondance de M. le baron Lemarant dont il vous sera donné communication, que les capitaines des navires capturés par l'escadre brésilienne ne sont pas tous exempts de reproches, et que quelques-uns d'entre eux ont manœuvré de manière à justifier les mesures de rigueur dont ils ont été les victimes. Cependant, comme les fautes du petit nombre ne pourraient pas, sans injustice, retomber sur ceux qui n'en ont aucune à se reprocher, le gouvernement du Roi persiste à demander la réparation de tous les dommages que les mesures arbitraires de l'amiral brésilien ont causés à notre commerce.

Néanmoins, cette disposition ne doit point vous empêcher d'user de tous les ménagements nécessaires pour bien faire comprendre qu'aucune vue hostile n'a déterminé l'envoi des forces navales placées sous votre commandement; et, à cet égard, le Roi se repose entièrement sur votre prudence. Mais si, après avoir fait entendre le plus longtemps possible un langage de conciliation, il arrivait qu'on n'en tînt aucun compte, si vous étiez amené par les réponses du gouvernement brésilien à prononcer le mot de représailles, cette menace devrait être suivie sur-le-champ des mesures propres à la mettre à exécution, toute hésitation deviendrait alors contraire à l'honneur du pavillon, et Sa Majesté sait qu'en pareil cas, il n'y aurait aucun doute à concevoir sur la promptitude et l'énergie de vos déterminations.

Si les choses en venaient à ce point, le meilleur parti à prendre, après vous être concerté avec le chargé d'affaires du Roi, serait de vous porter, avec toute votre division, à l'entrée de la Plata, d'y signifier à l'amiral brésilien que vous ne lui reconnaissez plus le droit de bloquer cette rivière, que vous venez pour protéger les navires français et pour assurer leur passage jusqu'à Buenos-Ayres, malgré l'opposition que voudraient y mettre les bâtiments de son escadre. Vous ne prendriez, toutefois, le parti d'agir en ennemi qu'autant que vous y seriez provoqué par des démonstrations positivement hostiles, dirigées soit contre quelque navire de commerce portant le pavillon français, soit contre un des bâtiments de votre division.

Vous examinerez sur les lieux mêmes ce qu'il vous serait possible d'entreprendre pour vous faire remettre les bâtiments français retenus à Montevideo, sauf à réserver aux armateurs, en cas de restitution des navires, leurs droits à réclamer des indemnités pour les spoliations exercées à bord, et pour les pertes que leur a fait éprouver l'interruption de leurs opérations.

Mais tout porte à croire que vous ne serez pas forcé de faire usage des forces mises à votre disposition. Le gouvernement brésilien entendra mieux ses intérêts; il ne persistera pas à favoriser des déprédations dont la cupidité paraît avoir été trop souvent le motif réel, tandis qu'elles étaient colorées du prétexte d'exécuter un devoir militaire; il fera rendre justice aux armateurs français, pour ne pas laisser plus longtemps à une puissance amie le droit de se plaindre d'une sorte de déloyauté qui, sûrement, est contraire aux sentiments personnels de l'empereur dom Pedro.

Le Roi, Monsieur le baron, en vous envoyant près de ce prince pour lui faire entendre la vérité, compte d'autant plus sur l'efficacité de vos conseils que déjà vous êtes connu de lui sous les rapports les plus favorables; dans de précédentes circonstances, il a su reconnaître en vous le navigateur habile à signaler aux marins de toutes les nations les écueils qu'ils doivent éviter et à leur tracer les routes qu'ils ont à suivre; il va vous apprécier comme envoyé par le roi de France, pour appuyer une négociation importante, et il ne voudra point exposer sa marine naissante à éprouver ce que vous pourriez faire contre elle, si elle devenait ennemie.

Sa Majesté m'a expressément chargé de vous dire que, pour la déterminer à priver le conseil d'amirauté de vos lumières et de votre expérience qui lui ont été si utiles jusqu'à présent, il fallait qu'Elle eût la conviction la plus intime qu'il n'était pas possible de

faire un meilleur choix pour remplir la mission qu'Elle vous confie.
Recevez, etc.

Signé : Baron HYDE DE NEUVILLE.

II

Le ministre des affaires étrangères au contre-amiral baron Roussin.

Paris, ce 17 novembre 1828.

MONSIEUR LE BARON,

J'ai reçu la lettre que vous m'avez fait l'honneur de m'écrire de
Rio-Janeiro, le 22 août, le lendemain même de la signature de
l'article et de la convention qui terminent d'une manière si honorable nos démêlés avec le Brésil.

La part que vous avez eue à cet heureux dénouement vous
assure, Monsieur le baron, de nouveaux et justes titres à la bienveillance du Roi. Sa Majesté a reçu avec la plus vive satisfaction
la nouvelle d'un succès qui intéressait sa dignité et le commerce
de ses sujets. Elle regretterait sincèrement que les circonstances
vous eussent mis dans la triste obligation de faire usage de la
force qui vous était confiée : il lui est doux de penser qu'un résultat
si important ne coûte rien à l'humanité, et qu'il n'a pas été obtenu
aux dépens de nos relations de paix avec le Brésil. Le Roi se plaît
à y voir un gage des souvenirs honorables que vous aviez déjà
laissés à Rio-Janeiro et de l'estime que vous aviez inspirée à
l'empereur dom Pedro.

M. le marquis de Gabriac m'a rendu compte de la manière
franche et conciliante dont vous vous êtes entendu avec lui sur
l'objet de la mission que vous aviez à remplir en commun. Ce
témoignage ne m'a pas surpris : je n'attendais pas moins de votre
excellent esprit et de votre zèle pour le service du Roi.

En vous faisant part de la satisfaction de Sa Majesté, il m'est personnellement agréable, Monsieur le baron, de vous offrir mes félicitations, en même temps que l'assurance de ma considération la plus distinguée.

Signé : Comte DE LA FERRONNAYS.

III

Le ministre de la marine au contre-amiral baron Roussin.

Paris, 26 novembre 1828.

MONSIEUR LE CONTRE-AMIRAL,

Je me suis empressé de mettre sous les yeux du Roi votre correspondance qui contient tant de preuves de l'heureuse influence que vous avez exercée sur la marche des négociations de la France avec le gouvernement brésilien. Sa Majesté s'est montrée complètement satisfaite, et Elle a bien voulu me charger de vous le dire.

Le Roi a surtout remarqué la manière hardie dont vous avez débuté sur la rade de Rio-Janeiro en venant mouiller devant cette ville, prêt à vous conduire en ami ou en ennemi suivant les circonstances. Vous avez eu aussitôt après une heureuse inspiration en brusquant votre première entrevue avec l'empereur dom Pedro ; et il n'est pas douteux que cette démarche n'ait aplani tous les obstacles. La marque flatteuse d'estime et de considération que ce prince s'est empressé de vous donner publiquement prouve combien cette conjecture est fondée. Ainsi, Monsieur le contre-amiral, vous avez amené par votre attitude la solution d'une difficulté qui intéressait essentiellement notre commerce, et vous avez fait consacrer pour l'avenir un principe important de droit maritime qu'à l'exemple de l'Angleterre le Brésil n'avait pas voulu reconnaître jusque-là.

Il n'a point échappé au Roi qu'étant à la tête de forces considérables, suffisantes pour détruire, s'il l'eût fallu, celles que la marine brésilienne aurait pu vous opposer, vous avez su résister au désir si naturel chez les Français de triompher les armes à la main, et que vous avez préféré parvenir au même résultat, d'une manière également honorable pour le pavillon de Sa Majesté, sans sacrifier aucun des bâtiments ni des marins qu'Elle avait mis à votre disposition, et sans rompre les liens d'amitié qu'il importe à la France de conserver avec la seule monarchie qui existe en Amérique.

Signé : Baron HYDE DE NEUVILLE.

IV

L'intendant général de la maison du Roi au contre-amiral baron Roussin.

Paris, le 29 novembre 1828.

Monsieur le contre-amiral, je m'empresse de vous annoncer que Sa Majesté vous a nommé, par une décision du 27 de ce mois, gentilhomme honoraire de la chambre du Roi, en récompense des services que vous avez rendus depuis que vous commandez la station du Brésil.

Je me félicite, Monsieur le contre-amiral, de pouvoir vous donner avis de ce témoignage de la bienveillance particulière de Sa Majesté.

Recevez, etc.

Le pair de France ministre d'État, intendant général de la maison du Roi.

Signé : Baron DE LA BOUILLERIE.

V

*Extrait du discours du Roi prononcé le 27 janvier 1829
à l'ouverture de la session des Chambres.*

. . . .

« Plusieurs de mes sujets avaient eu à souffrir des mesures
« prises par l'empereur du Brésil dans sa guerre avec la Répu-
« blique de Buenos-Ayres ; quelques bâtiments leur avaient été
« enlevés. La convention que je viens de ratifier, en consacrant
« sur le blocus un principe conservateur toujours maintenu par la
« France, leur assure la restitution de leurs propriétés et une indem-
« nité proportionnée à leur perte. Dans cette occasion comme dans
« toutes les autres, je dois des éloges à la marine française qui se
« montre digne de sa haute mission. ». . . . .

. . . .

J

I

COMPOSITION DE L'ESCADRE QUI A FORCÉ L'ENTRÉE DU TAGE,
LE 31 JUILLET 1831.

Vaisseau *le Suffren*, de 90 canons. Capitaine Trotel, portant le
    pavillon du contre-amiral Roussin, commandant en chef de
    l'expédition.

— *le Trident*, de 74. Capitaine Casy, portant le pavillon du
    contre-amiral Hugon.

— *le Marengo*, de 74. Capitaine Maillard Liscourt.

— *l'Algésiras*, de 80. Capitaine Moulac.

— *la Ville de Marseille*, de 74. Capitaine de la Susse.

— *l'Alger*, de 74. Capitaine Blanc.

Frégate *la Melpomène*, de 60. Capitaine de Rabaudy.

— *la Pallas*, de 60. Capitaine Forsans.

— *la Didon*, de 60. Capitaine de Chateauville.

Corvette *l'Églé*. Capitaine Raffy.

— *la Perle*. Capitaine Jouglas.

Brick *l'Endymion*. Capitaine Nonay.

— *le Dragon*. Capitaine Delofre.

II

Ordres du jour adressés aux équipages. — Négociations avec le Portugal. — Lettres aux consuls étrangers. — Rapports au ministre de la marine.

N° 1.

A bord du vaisseau *le Suffren*,
devant le Tage, le 7 juillet 1831.

ORDRE DU JOUR

Le contre-amiral baron Roussin, commandant en chef, aux équipages de l'escadre.

Équipages de l'escadre.

Le gouvernement portugais, méconnaissant les principes du droit des gens, et ceux mêmes de l'humanité, a violé l'un et l'autre envers plusieurs de nos compatriotes. Reçus chez lui de son aveu, ils s'y croyaient en sûreté, en se soumettant à ses lois ; mais ni leur conduite irréprochable ni leur condition d'étrangers, qui devaient les placer sous la garantie de la foi publique, n'ont pu les protéger contre la haine que le gouvernement portugais porte à notre nation.

Sous les prétextes les plus frivoles, d'injustes dénonciations ont atteint des Français domiciliés à Lisbonne. Ils ont été condamnés, sans motifs, à des peines cruelles et ignominieuses ; et ceux mêmes que leurs propres juges ont déclarés innocents n'ont pu obtenir les indemnités qui leur étaient dues en dédommagement des torts causés à leurs personnes et à leurs intérêts.

Le consul de France a vainement protesté contre ces vexations ;

ses réclamations ont été repoussées, son caractère méconnu, et il a
été contraint de se retirer.

Le gouvernement français a renouvelé ses plaintes en les
appuyant d'abord par un petit nombre de bâtiments armés. Cet
avertissement de la ferme intention où il est de ne tolérer aucun
outrage contre l'honneur et les intérêts de la France était ainsi
accompagné de ménagements propres à ne pas laisser de doute sur
sa modération, et le gouvernement portugais devait sentir le prix
de cette générosité.

Il n'en a pas tenu compte, et n'a fait qu'une réponse dictée par
l'orgueil et l'entêtement.

Le moment est donc arrivé d'en venir à une démarche déci-
sive.

Le roi des Français envoie devant Lisbonne l'escadre que j'ai
l'honneur de commander, avec ordre de tirer satisfaction du gouvernement portugais.

Notre bon droit et votre courage me sont garants que nous jus-
tifierons la confiance du Roi et du pays.

Le contre-amiral, commandant en chef,

Baron ROUSSIN.

N° 2.

A bord du vaisseau le Suffren,
devant l'entrée du Tage, le 8 juillet 1831.

*Lettre de M. le contre-amiral baron Roussin à M. le vicomte de
Santarem, ministre des affaires étrangères à Lisbonne.*

MONSIEUR LE VICOMTE,

Les réclamations réitérées de M. le consul de France, et la note
remise le 16 mai à Votre Excellence par M. le capitaine de vaisseau de Rabaudy, ont dû lui expliquer suffisamment les motifs qui
m'amènent devant Lisbonne.

Je viens maintenir, sans modification, les demandes contenues dans cette note.

Et, de plus, le refus qui a été fait de les accorder ayant mis le gouvernement français dans la nécessité de les appuyer par un armement dispendieux, j'ai l'ordre d'ajouter à ces premières réclamations les demandes suivantes :

1° La destitution du chef de police du royaume ;

2° L'annulation de tous les jugements prononcés contre des Français pour des motifs politiques ;

3° 800,000 francs, pour indemniser le gouvernement français de l'expédition que le refus du gouvernement portugais d'adhérer à nos premières demandes a rendue nécessaire ;

4° L'insertion dans la *Gazette officielle* des demandes de la France, et de leur acceptation par le gouvernement portugais, et l'affiche de ces faits dans les rues où le sieur Bonhomme a été ignominieusement traité.

Telles sont, Monsieur le vicomte, les réparations que je suis chargé d'exiger du gouvernement portugais.

Si Votre Excellence me fait immédiatement connaître qu'Elle est disposée à traiter sur ces bases, le présent débat peut se terminer sur-le-champ.

Dans le cas contraire, la guerre se trouvant déclarée de fait entre la France et le Portugal, toutes les conséquences qu'elle entraîne peuvent être prévues ; elles ne se feront pas attendre.

Je prie Votre Excellence de ne pas différer sa réponse de plus de vingt-quatre heures, et de recevoir l'expression de ma haute considération.

Le contre-amiral, commandant en chef
l'escadre française devant le Tage,

Baron ROUSSIN.

N° 3.

A bord du vaisseau *le Suffren,*
devant le Tage, le 8 juillet 1831.

*Lettre confidentielle de M. le contre-amiral baron Roussin à M. le
vicomte de Santarem.*

MONSIEUR LE VICOMTE,

Mon parlementaire porte à votre gouvernement les demandes
officielles du mien. En remplissant ce devoir, je ne crois pas qu'il
doive m'empêcher de tenter un moyen d'en tempérer la rigueur.

Cette lettre confidentielle a pour objet de vous engager, de vous
prier même, de préférer, dans l'alternative que je vous présente,
le rétablissement encore possible de la paix, à la continuation certaine d'une guerre imminente.

Établi devant le Tage, avec une escadre française, j'entrerai
dans ce fleuve.

Vous en doutez peut-être, Monsieur le vicomte; mais Votre
Excellence ne saurait nier que le succès de cette tentative ne soit
possible : je le prouverai.

Il s'agit donc de savoir si la ville de Lisbonne, si la capitale de
votre pays restera exposée au danger qui la menace.

J'ai cru que la démarche que je fais ici, en vous offrant le
moyen de l'en garantir (dût-elle échouer), nous honorerait tous
deux, car la confiance qu'elle suppose ne marche qu'avec l'estime.

Recevez l'assurance de ma haute considération.

Le contre-amiral, commandant en chef
l'escadre française devant le Tage,

Baron ROUSSIN.

N° 4.

A bord du vaisseau *le Suffren,*
devant le Tage, le 8 juillet 1831.

Circulaire à MM. les consuls étrangers à Lisbonne.

MONSIEUR LE CONSUL,

Mon arrivée devant le Tage, avec une escadre française, a pour objet de demander au gouvernement portugais des réparations pour les dommages causés par lui à plusieurs citoyens français.

J'espère encore que, cédant à des sentiments d'équité qui honorent les nations dans leurs rapports réciproques, ces réparations seront accordées, et que le présent débat pourra se terminer promptement.

Mais s'il n'en était pas ainsi, une rupture se trouvant déclarée de fait entre la France et le Portugal, je crois de mon devoir de vous engager, Monsieur le consul, à en prévenir vos compatriotes, afin qu'ils prennent les précautions nécessaires pour éviter les effets d'une guerre qui doit leur rester étrangère.

Recevez, Monsieur le consul, l'expression de ma considération très distinguée.

Le contre-amiral, commandant en chef
l'escadre française devant le Tage,
Baron ROUSSIN.

N° 5.

Lisbonne, le 10 juillet 1831.

Réponse de M. le vicomte de Santarem à M. l'amiral Roussin.

EXCELLENTISSIME SEIGNEUR,

J'ai porté à la connaissance du gouvernement de Sa Majesté Très Fidèle la dépêche que Votre Excellence m'a adressée en date d'hier. J'ai l'honneur de déclarer à Votre Excellence que le Roi mon maître, désirant continuer de donner à la France toutes les démonstrations de ses véhéments désirs de terminer les différends qui sont survenus avec le Portugal, a résolu d'adopter le conseil du gouvernement de Sa Majesté Britannique, en ordonnant de livrer les sujets français dernièrement condamnés, Sauvinet et Bonhomme, et de traiter de ces affaires par le moyen de l'ambassadeur de Sa Majesté Catholique à Paris, d'après un mode conforme à l'honneur des deux nations et à l'indépendance du Portugal.

Mais je ne puis me dispenser de prévenir Votre Excellence que les démêlés qui malheureusement ont existé, et que les hostilités non provoquées qui ont été pratiquées, malgré la sûreté et la protection que les personnes et les propriétés des sujets français ont reçues du gouvernement portugais, ayant produit dans la nation les sentiments particuliers de son indépendance, le gouvernement portugais regrette de ne pouvoir consentir à l'entrée de l'escadre avant d'avoir conclu entièrement les négociations, d'autant plus qu'il n'existe aucun traité par lequel l'entrée soit permise, et beaucoup moins encore la permanence des forces navales françaises dans les ports du royaume.

Je profite de cette occasion pour exprimer à Votre Excellence les sentiments de haute considération avec lesquels j'ai l'honneur d'être, etc.

Signé : Vicomte DE SANTAREM.

N° 6.

A bord du vaisseau *le Suffren,* 11 juillet 1831,
devant Lisbonne, à 5 heures du soir.

*M. le contre-amiral Roussin à M. le vicomte de Santarem,
ministre des affaires étrangères à Lisbonne.*

MONSIEUR LE MINISTRE,

Vous voyez si je tiens mes promesses : je vous ai fait pressentir hier que je forcerais les passes du Tage. Me voici devant Lisbonne.

Tous vos forts sont derrière moi, et je n'ai plus en face que le palais du gouvernement.

Ne provoquons point de scandale. La France, toujours généreuse, vous offre les mêmes conditions qu'avant la victoire. Je me réserve seulement, en en recueillant les fruits, d'y ajouter des indemnités pour les victimes de la guerre.

J'ai l'honneur de vous demander une réponse immédiate.

Recevez, Monsieur le ministre, l'expression de ma haute considération.

Le contre-amiral, commandant en chef l'escadre française dans le Tage,

Baron ROUSSIN.

Nº 7.

Lisbonne, le 11 juillet 1831,
à 10 heures du soir.

Réponse de M. le vicomte de Santarem à M. l'amiral Roussin.

EXCELLENTISSIME SEIGNEUR,

En réponse à la dépêche de Votre Excellence en date d'aujourd'hui, j'ai l'honneur de déclarer à Votre Excellence que le gouvernement de Sa Majesté Très Fidèle, voulant éviter, par tous les moyens possibles, les désastres qui pourraient résulter des derniers événements, adopte les bases proposées dans la dépêche de Votre Excellence du 8 courant.

Que Votre Excellence reçoive l'assurance de la haute considération avec laquelle j'ai l'honneur d'être, etc.

Signé : Vicomte DE SANTAREM.

Nᵒ 8.

> A bord du vaisseau *le Suffren*,
> devant Lisbonne, le 11 juillet 1831.

Circulaire à MM. les consuls étrangers, à Lisbonne.

MONSIEUR LE CONSUL,

J'ai l'honneur de vous offrir mes services pour réparer les avaries qui auraient pu avoir été occasionnées aux bâtiments de votre
nation, dans l'action qui vient d'avoir lieu, si l'avis que je vous ai
donné avant-hier ne leur avait pas suffi pour se retirer.

Recevez, Monsieur le consul, l'expression de ma considération
très distinguée.

> Le contre-amiral, commandant en chef
> l'escadre française dans le Tage,
>
> Baron ROUSSIN.

Nᵒ 9.

> A bord du vaisseau *le Suffren,* devant Lisbonne,
> le 11 juillet 1831, à 10 heures du soir.

M. le contre-amiral Roussin à M. le comte de Rigny, ministre de
la marine.

MON GÉNÉRAL,

J'ai l'honneur de vous annoncer que l'escadre sous mon commandement a forcé l'entrée du Tage, et qu'elle se trouve actuelle-
ment sous les quais de Lisbonne. L'action a commencé à une heure
après midi : trois heures et demie après, toutes les batteries du goulet étaient dépassées aux cris de *Vive le Roi!* et, embossés devant
le palais du gouvernement, nous faisions amener le pavillon des

bâtiments de guerre portugais embossés en travers du fleuve.

Ces bâtiments sont au nombre de neuf, dont un vaisseau, *le Jean Six*, de 74 ; trois frégates de 48, *la Perle, la Diane* et *l'Amazone;* deux corvettes, *la Lealdade* et *l'Infant Saint-Sébastien*, et trois bricks, *le Don Juan Primero, le Don Pedro Primero* et *la Memoria*.

Sur la sommation que je lui ai aussitôt envoyée, et dont j'ai l'honneur de vous adresser copie, le gouvernement portugais a consenti à donner à la France toutes les satisfactions que vous m'aviez chargé d'exiger de lui. Je vous envoie également la réponse.

Je vais m'occuper d'assurer la teneur et l'exécution de ce traité, et j'aurai très incessamment l'honneur de vous adresser un rapport détaillé sur l'accomplissement de la mission que vous m'avez confiée.

Je me bornerai aujourd'hui, mon général, à vous assurer que chacun a fait son devoir.

Conformément à notre caractère national, j'ai attendu, pour commencer le feu, qu'on eût tiré sur les vaisseaux. Les forts de Saint-Julien et de Bugio ont pu prendre l'initiative dix minutes avant moi.

Enfin, j'ajouterai, mon général, que, par le plus grand bonheur, l'escadre, qui, pendant trois heures, a prolongé de cinq cents à cinquante toises de distance un si grand nombre de batteries regardées comme formidables, n'a éprouvé, pour ainsi dire, aucun accident.

Agréez, mon général, l'hommage de mon profond respect.

Le contre-amiral, commandant en chef
l'escadre française dans le Tage,

Baron Roussin.

N° 10.

A bord du vaisseau *le Suffren,*
devant Lisbonne, le 12 juillet 1831.

Lettre de M. le contre-amiral Roussin à M. le vicomte de Santarem,
ministre des affaires étrangères.

MONSIEUR LE VICOMTE,

Je suis persuadé que, convaincu des sentiments de loyauté et de
générosité qui animent la nation et le gouvernement que je représente, vous en avez reconnu le caractère dans mes dépêches des 8
et 11 de ce mois.

Celle-ci, en reproduisant, après mon entrée de vive force dans le
Tage, les demandes qui vous avaient été présentées la veille de
cet événement, a dû vous prouver que la France ne veut point
abuser de ses avantages.

Mais, Monsieur le vicomte, je désire que vous soyez également
convaincu de la fermeté que je mettrai à en tirer ceux qu'ils doivent m'assurer d'après les usages reçus entre toutes les nations, et
les règles de la justice.

Je considère donc la réponse que vous m'avez fait l'honneur de
m'adresser hier, comme adhérant non seulement à mes propositions
du 8, comme vous le dites, mais au sens clair et précis de ma
lettre d'hier : c'est-à-dire que, si la convention qu'il s'agit de conclure entre nous doit avoir les mêmes bases, ce ne peut être sans
faire intervenir dans leur discussion les justes conséquences des
faits qui viennent de se passer.

Afin donc d'éviter toute équivoque à ce sujet, j'ai l'honneur de
mettre sous vos yeux les propositions d'après lesquelles seulement
il m'est ordonné de traiter avec le gouvernement portugais.

D'après ma lettre du 8 de ce mois, je dois commencer par
reproduire la note adressée le 16 mai à Votre Excellence par le
capitaine de vaisseau de Rabaudy.

Elle contient les demandes suivantes, auxquelles il m'est impossible de rien changer :

1° La mise en liberté du sieur Bonhomme, et l'annulation (par un acte officiel de réhabilitation) de la sentence rendue contre lui et exécutée dans sa partie ignominieuse, malgré les protestations du consul de Sa Majesté, déclarant qu'il la considérait comme un outrage fait à la France dans la personne d'un de ses citoyens.

2° La destitution des juges qui ont prononcé la sentence, et la publication officielle de l'acte de réhabilitation qui l'aura annulée.

3° Une indemnité de 20,000 francs pour le sieur Bonhomme.

4° La mise en liberté du sieur Sauvinet, déclaré naturalisé Portugais, en opposition aux lois du royaume, et condamné par la commission extraordinaire de Lisbonne (dont Votre Excellence elle-même a formellement reconnu l'incompétence) à dix ans d'exportation en Afrique, en vertu d'une sentence dont les termes constatent qu'aucune des charges élevées contre lui n'a pu être prouvée.

5° Une indemnité de 6,000 francs pour le sieur Gamby ; une autre de 3,000 francs pour le sieur Dupont, détenu arbitrairement à Lisbonne pendant un an ; tous deux finalement expulsés du Portugal, en vertu de sentences dont il ne résulte aucune charge contre eux.

6° Une indemnité de 10,000 francs précédemment réclamée par M. Cassas, consul de France, en faveur du sieur Dubois, graveur, pour les préjudices que lui a causés une injuste détention dans les prisons de Lisbonne.

7° Une indemnité garantie en faveur du sieur Vallon, qui a subi, dans les prisons de Lisbonne, une arrestation arbitraire de vingt-sept mois, à laquelle il attribue une perte de 200,000 francs qu'il a éprouvée dans son commerce pendant son absence. L'importance définitive de cette indemnité sera fixée contradictoirement d'après les renseignements pris à Lisbonne et en France.

8° Une indemnité de 20,000 francs pour les Français qui ont quitté Lisbonne et pour l'affrètement du brick français *les Ju-*

10

meaux, qui les a ramenés en France par suite des persécutions dont ils étaient l'objet.

Une indemnité, dont la quotité sera fixée d'une manière justificative pour ceux des Français restés à Lisbonne après le départ du consul de France, et qui depuis auraient souffert des dommages envers leurs personnes ou leurs propriétés.

9° Enfin, l'assurance de la stricte observation, à l'avenir, des privilèges des Français de ne pouvoir être arrêtés qu'en vertu d'un ordre du juge conservateur des nations privilégiées qui n'en ont pas un particulier.

Telles sont, Monsieur le vicomte, les demandes que M. le capitaine de vaisseau de Rabaudy a adressées à Votre Excellence, le 16 mai, et que je suis chargé de reproduire.

J'ai eu l'honneur de lui déclarer, le 8 de ce mois, que le gouvernement portugais, par son refus de les accorder, ayant mis Sa Majesté le roi des Français dans la nécessité de les appuyer par un armement dispendieux, j'avais ordre d'ajouter aux premières réclamations de la France les demandes suivantes :

1° La destitution du chef de la police du royaume ;

2° L'annulation de tous les jugements prononcés contre des Français pour délits politiques ;

3° Huit cent mille francs, pour indemniser le gouvernement français de l'expédition que le refus du gouvernement portugais d'adhérer à nos premières demandes a rendue nécessaire ;

4° L'insertion dans la *Gazette officielle de Lisbonne*, des demandes de la France, de leur acceptation par le gouvernement portugais, et l'affiche de ces faits dans les rues où le sieur Bonhomme a été ignominieusement promené.

Telles étaient, Monsieur le vicomte, les demandes contenues dans ma lettre du 8 de ce mois, et qui feront encore aujourd'hui la base de l'arrangement que je vous propose de faire entre nos gouvernements.

Mais l'événement qui vient de se passer établissant en faveur de la France les droits qu'un grand succès militaire attribue à toutes les nations, il est de mon devoir de les exercer.

En conséquence, j'ai l'honneur de déclarer à Votre Excellence :

1º Que je regarde comme propriété française les bâtiments de guerre portugais qui ont amené leur pavillon sous le feu de mon escadre ;

2º Que le gouvernement portugais garantira le payement d'une somme déterminée contradictoirement entre les deux parties, et sur pièces authentiques, pour indemniser le commerce français du dommage qui pourrait lui avoir été causé soit par des corsaires ou lettres de marque, sous pavillon portugais, soit par l'augmentation des primes d'assurances maritimes résultant de cette mesure, soit enfin par toute autre cause dûment reconnue.

A ces conditions, les prisonniers de guerre et les bâtiments de commerce portugais, arrêtés et gardés sous le séquestre dans les ports de France, pourront être rendus, sous l'obligation de rembourser à la France, sur pièces comptables, la dépense qu'ils auront occasionnée.

Les bases qui précèdent étant admises, je me trouverai disposé à en discuter avec vous, Monsieur le vicomte, plusieurs détails, s'ils n'en atténuent pas le fond, et je serai heureux de trouver, dans cette circonstance, l'occasion de vous faire hommage de ma haute considération.

Le contre-amiral, commandant en chef
l'escadre française dans le Tage,
Baron Roussin.

Nº 11.

A bord du vaisseau *le Suffren*,
le 13 juillet 1831, devant Lisbonne.

Lettre du contre-amiral Roussin à M. le vicomte de Santarem,
ministre des affaires étrangères.

Monsieur le vicomte,

Le délai que vous apportez à terminer l'affaire qui m'amène à Lisbonne est en désaccord avec nos positions respectives. Il me semble que la mienne ne me permet pas plus de le souffrir que la vôtre de l'essayer. Il ne m'est donc pas possible de laisser subsister cette illusion que ma modération a sans doute fait naître et entretenue.

En conséquence, Monsieur le vicomte, j'ai l'honneur de vous déclarer ici que si, avant demain, 14 juillet, à midi, Votre Excellence ou la personne investie de ses pleins pouvoirs pour traiter avec moi des réparations demandées par la France et détaillées dans ma lettre d'hier, n'est pas venue à bord de mon vaisseau, je me trouverai forcé de commencer cette fois les hostilités contre Lisbonne.

Permettez-moi de dire à Votre Excellence qu'après l'adhésion contenue dans ses réponses des 11 et 12 de ce mois, et les assurances formelles que j'ai reçues de M. le colonel porteur de la dernière, il est incroyable qu'en ne vous présentant pas aujourd'hui à mon bord, vous m'ayez mis à même de douter de leur loyauté.

Mon devoir, Monsieur le vicomte, est de ne pas le souffrir plus longtemps, et cette lettre est la dernière que j'aurai l'honneur d'écrire à Votre Excellence.

Recevez l'expression de ma haute considération.

> Le contre-amiral, commandant en chef
> l'escadre française dans le Tage,
> Baron ROUSSIN.

N° 12.

Lisbonne, le 13 juillet 1831.

Lettre de M. le vicomte de Santarem à M. l'amiral Roussin.

TRÈS EXCELLENT SEIGNEUR,

En accusant réception de la dépêche que Votre Excellence me fit l'honneur de m'adresser hier au soir, et que je portai à la connaissance du gouvernement de Sa Majesté Très Fidèle, je dois en même temps prévenir Votre Excellence qu'en conformité de ce qu'elle me propose dans la même dépêche, je désire qu'elle ait la bonté de m'indiquer l'heure à laquelle demain, ou après-demain, je pourrais avoir l'honneur d'avoir une conférence avec elle. Il me semble qu'il vous sera plus commode que cette conférence ait lieu au palais de Bélem, ou à la résidence du ministre de Sa Majesté Catholique, ministre d'une puissance alliée des deux nations, et j'espère, dans cette occasion, avoir le plaisir de vous exprimer les sentiments de la haute estime et de la considération avec lesquels j'ai l'honneur d'être, etc.

Le ministre des affaires étrangères,

Signé : Vicomte DE SANTAREM.

Nº 13.

A bord du vaisseau *le Suffren*,
devant Lisbonne, le 13 juillet 1831.

Le contre-amiral Roussin à M. le vicomte de Santarem, ministre des affaires étrangères à Lisbonne.

MONSIEUR LE VICOMTE,

Vous me poussez à bout, et j'ai l'honneur de vous prévenir que cela ne peut pas vous réussir. Je m'en réfère à ma lettre de ce jour, et je vous confirme l'assurance que si, demain à midi, je n'ai pas terminé la convention dont vous avez accepté les bases, j'ouvrirai les hostilités contre Lisbonne.

Je m'en suis rapporté à votre parole, et je ne souffrirai pas plus longtemps les conséquences de mon erreur.

J'attends Votre Excellence ou la personne autorisée qu'elle désignera, aujourd'hui ou demain jusqu'à midi. Je la recevrai à mon bord et non ailleurs.

J'ai l'honneur de vous exprimer l'assurance de ma haute considération.

Le contre-amiral, commandant en chef l'escadre du Tage,

Baron ROUSSIN.

No 14.

Lisbonne, le 13 juillet 1831.

Lettre de M. le vicomte de Santarem à M. l'amiral Roussin (1).

TRÈS EXCELLENT SEIGNEUR,

Les distances locales, la difficulté des communications de Votre Excellence à mon gouvernement, n'ont pas permis que les réponses fussent données plus promptement qu'elles ne l'ont été.

Je regrette que Votre Excellence ait pu penser que le gouvernement de Sa Majesté Très Fidèle désirât différer la conclusion des arrangements dont il adopte les bases.

Demain, avant l'heure fixée, il se présentera à votre bord une personne autorisée pour terminer les arrangements dont les bases ont été adoptées. Je vous renouvelle l'expression de ma haute considération.

Le ministre des affaires étrangères,

Signé : Vicomte DE SANTAREM.

No 15.

Lisbonne, le 14 juillet 1831.

Lettre de M. le vicomte de Santarem à M. l'amiral Roussin.

EXCELLENT SEIGNEUR,

M. le commandeur Castello Branco, qui doit vous présenter cette lettre, est autorisé à traiter avec Votre Excellence de l'accord des réparations demandées par la France.

Cette personne étant désignée dans ce but, Votre Excellence pourra lui accorder toute la foi et la confiance nécessaires en tout ce qu'elle adoptera de la part du gouvernement de Sa Majesté Très Fidèle sur l'objet ci-dessus indiqué.

(1) Cette lettre à été portée à bord à une heure après minuit.

Je profite de cette occasion pour vous renouveler l'expression de ma haute considération.

Le ministre des affaires étrangères,

Signé : Vicomte DE SANTAREM.

N° 16.

Articles convenus entre M. Castello Branco et M. l'amiral Roussin, au nom des gouvernements portugais et français.

Le quatorze juillet mil huit cent trente et un, se sont réunis à bord du vaisseau le *Suffren* mouillé devant Lisbonne :

M. Castello Branco, commandeur de l'ordre du Christ, commandeur de l'ordre royal de Charles III, commandeur de l'ordre d'Isabelle la Catholique, chevalier de Notre-Dame de Conception, inspecteur des postes du royaume, officier de la secrétairerie des affaires étrangères de Portugal, porteur des pleins pouvoirs de M. le vicomte de Santarem, ministre des affaires étrangères de ce royaume,

D'une part ;

Et M. le contre-amiral baron Roussin, membre de l'Institut de France, grand officier de la Légion d'honneur, commandeur de Saint-Louis, officier de l'ordre du Cruzeiro du Brésil, et commandant en chef de l'escadre française stationnée dans le Tage, autorisé par le gouvernement français,

D'autre part ;

Sont convenus d'adopter, au nom des deux gouvernements respectifs, les articles suivants, en garantissant, sur leur honneur, l'exécution de toutes les dispositions qu'ils renferment, savoir :

ARTICLES 1 à 9.

(Ils donnent entière satisfaction aux demandes contenues dans la lettre n° 10 du contre-amiral Roussin au ministre des affaires étrangères de Portugal.)

Art. 10.

La publication du décret qui prononce la destitution du chef de police du royaume.

Art. 11.

L'annulation de tous les jugements portés depuis deux ans contre des Français pour délits politiques, à Lisbonne et à Oporto.

Art. 12.

800,000 francs pour indemniser le gouvernement français des frais de l'expédition que le refus du gouvernement portugais d'adhérer à nos premières demandes a rendue nécessaire.

Art. 13.

L'insertion, dans les vingt-quatre heures, dans la *Gazette officielle de Lisbonne,* des demandes de la France, et de leur acceptation par le gouvernement portugais.

Art. 14.

Le gouvernement portugais garantit le payement d'une somme qui sera déterminée contradictoirement entre les deux parties, et sur pièces authentiques, pour indemniser le commerce français des dommages qui pourraient lui avoir été causés soit par des corsaires ou lettres de marque sous pavillon portugais, soit par l'augmentation des primes d'assurances maritimes résultant de cette mesure, soit, enfin, par toute autre cause dûment reconnue.

Art 15.

Pour garantir l'exécution des articles ci-dessus, portant insertion dans la *Gazette officielle de Lisbonne* des diverses annulations qui doivent y être portées, cinquante exemplaires de cette gazette seront adressés par le gouvernement portugais à M. l'amiral commandant l'escadre; et avant l'impression, la minute des actes d'annulation dont il s'agit devra être remise à M. l'amiral. Cette condition sera exécutée dans les vingt-quatre heures, à compter de six heures du soir, aujourd'hui 14 juillet.

Art. 16.

Aucune des personnes qui auraient rendu des services à l'escadre ne pourra être recherchée pour sa conduite.

Les pilotes portugais qu'elle a employés seront considérés (comme il est vrai) comme ayant été contraints par la force.

Art. 17.

M. le commandeur Castello Branco s'engage formellement, et sur l'honneur, au nom du gouvernement portugais, à ce qu'il ne soit fait aucune disposition militaire quelconque pendant le séjour de l'escadre française dans le Tage.

Art. 18.

Les conditions qui précèdent étant acceptées, les prisonniers de guerre seront immédiatement rendus.

Les bâtiments de commerce portugais arrêtés conduits en France, depuis le commencement des présentes hostilités, seront également rendus, à la charge par le gouvernement portugais de payer à la France, sur pièces comptables, les frais de séquestre, gardiennage, etc., occasionnés par l'arrestation de ces bâtiments.

Le terme de deux mois au plus, si faire se peut, est fixé pour renvoyer les bâtiments portugais.

Quant aux deux bâtiments de guerre qui ont été arrêtés antérieurement à l'arrivée de M. l'amiral, dans le Tage, l'amiral commandant l'escadre consent qu'ils soient compris dans la classe des bâtiments de commerce arrêtés, et rendus aux mêmes conditions que ceux-ci.

Art. 19.

Pour assurer le payement des indemnités réclamées et consenties, il est convenu que l'ensemble de ces indemnités sera totalisé, et que cette somme, à l'exception de 20,000 francs attribués au sieur Bonhomme, et de l'autre somme de 20,000 francs

accordée conditionnellement au sieur Vallon, conformément à
l'art. 7, sera fournie, dans le délai de trois jours, par le gouvernement portugais, en traites sur Paris, portant toute garantie,
payables à deux mois de vue, et remises en duplicata à M. le
contre-amiral commandant l'escadre française.

ART. 20.

Sur les instances de M. le commandeur, M. l'amiral commandant l'escadre française s'engage à faire sortir du Tage la plus
grande partie des forces navales sous son commandement, aussitôt
que l'exécution des articles précédents sera accompli, et, autant
que possible, avant dix jours, à dater d'aujourd'hui.

Il a été, en outre, réglé qu'une indemnité de 10,000 francs, au
lieu de 6,000 francs, serait accordée au sieur Dubois, et qu'une
autre indemnité de 20,000 francs serait allouée aux Français partis
de Lisbonne sur le brick *les Jumeaux*, pour payer l'affrètement
de ce bâtiment.

Cette convention a été signée le 14 juillet par M. le contre-amiral
baron Roussin et M. Antonio Kavrio d'Abreu Castello Branco.

Elle a été acceptée le même jour, au nom du gouvernement portugais, par M. le vicomte de Santarem, ministre des affaires étrangères.

N° 17.

A bord du vaisseau *le Suffren*,
le 14 juillet 1831, devant Lisbonne.

ORDRE DU JOUR

Le contre-amiral baron Roussin, commandant en chef,
aux équipages de l'escadre.

Officiers, matelots et soldats,

La France avait été offensée dans plusieurs de ses citoyens.

Des Français, domiciliés à Lisbonne sur la foi des traités,

avaient été molestés, du propre aveu et par l'ordre même du gouvernement du pays.

Cette insulte ne pouvait rester impunie.

Gardien vigilant de la dignité et de l'honneur de la patrie, le Roi nous a chargés d'obtenir réparation des actes qui y portaient atteinte.

Vous avez noblement répondu à sa confiance.

L'escadre française a paru devant le Tage le 6 de ce mois ; le 9, nous avons sommé l'ennemi de donner satisfaction. Il l'a refusée.

Vingt-quatre heures après, vous aviez forcé l'entrée du Tage, qu'on croyait inexpugnable, foudroyé et dépassé tous ses forts, pris son escadre et mouillé nos vaisseaux sous les quais de Lisbonne.

Les satisfactions demandées ont été obtenues : elles viennent d'être signées sous notre pavillon.

Officiers, matelots et soldats, vous avez ajouté une belle journée aux journées glorieuses de *Navarin* et d'*Alger*. La patrie les confondra dans son juste orgueil et dans sa reconnaissance.

Recevez les éloges et les remerciements de votre général,

Baron ROUSSIN.

Nº 18.

A bord du vaisseau *le Suffren*,
le 15 juillet 1831, devant Lisbonne.

Rapport de M. l'amiral Roussin à M. le ministre de la marine.

MONSIEUR LE MINISTRE,

J'ai eu l'honneur de vous informer, par le brick *le Dragon*, que, le 11 de ce mois, j'avais forcé l'entrée du Tage avec l'escadre sous mon commandement : je mettrai aujourd'hui sous vos yeux les détails de cette action.

Les ordres que vous m'avez fait l'honneur de m'adresser à Brest, le 7 juin, m'étant parvenus le 9 au soir, je me mis aussitôt en mesure de partir sur le vaisseau *le Suffren* qui arrivait de Cherbourg, et à bord duquel j'avais arboré mon pavillon ; mais les vents d'ouest s'y opposèrent, et je ne pus mettre sous voile que le 16 ; encore fallait-il lutter contre les vents directement contraires (1).

J'arrivai le 25 à vue du cap La Roque, et le lendemain, je communiquai avec M. le capitaine de vaisseau de Rabaudy, commandant la frégate *la Melpomène*, et une division de cinq bâtiments, chargée de croiser devant le Tage et d'arrêter les navires portant pavillon portugais.

Ma mission avait pour sujet d'exiger du gouvernement portugais des réparations pour les dommages qu'il avait causés, et les vexations qu'il avait exercées envers plusieurs Français domiciliés à Lisbonne, et à la suite desquels le consul de France s'était retiré.

Le refus de ces réparations avait décidé le gouvernement français à les appuyer par une escadre, et Votre Excellence, en m'en confiant le commandement, s'était exprimée ainsi :

« Rassemblez votre escadre devant le Tage, et saisissez la pre-« mière brise favorable pour en forcer l'entrée, si elle vous était « disputée. »

M. de Rabaudy me rendit compte qu'il venait d'expédier pour Brest sa seizième prise portugaise ; qu'il avait appris, par des avis anonymes de Lisbonne, qu'on y armait à la hâte un vaisseau de 74, trois grandes frégates, trois corvettes et deux bricks ; que cette nouvelle l'avait fait renoncer à renvoyer ses prisonniers de guerre à Lisbonne ; qu'il en était surchargé, et qu'enfin la seconde frégate, *la Sirène*, n'avait de vivres et d'eau que pour douze jours.

Ces rapports me décidèrent à substituer la *Sirène* à l'aviso par lequel vous m'aviez ordonné de vous informer de mon arrivée

---

(1) Il n'y avait pas d'exemple de la sortie de Brest d'un vaisseau de quatre-vingt-dix canons contre vent et marée, et les règlements locaux défendaient de tenter cette manœuvre.

devant le Tage, et à envoyer un second bâtiment à la rencontre de l'escadre que je savais être partie de Toulon, le jour même de mon départ de Brest, pour venir me rejoindre au cap Sainte-Marie, sous le commandement de M. le contre-amiral Hugon.

Le 27, j'expédiai la *Sirène* pour Brest, avec trois cents prisonniers, le brick *l'Endymion* pour le cap Sainte-Marie, et je restai devant le Tage avec le *Suffren*, la *Melpomène*, l'*Églé* et le *Hussard*, tant pour étudier les localités sur lesquelles je devais agir, et que je ne connaissais pas, que pour maintenir la marine du gouvernement portugais dans la circonspection, ou l'en faire repentir si elle en manquait.

Je pus bientôt me convaincre des contrariétés dont la saison menaçait nos projets. Des vents très violents du nord-est au nord-nord-ouest soufflaient sans cesse, en même temps qu'une brume très épaisse couvrait toujours l'horizon. Ces circonstances, que les pratiques du pays annonçaient devoir durer tout le mois de juin et ceux de juillet et août, étaient de nature à me faire craindre de longs retards dans une entreprise contre le Tage, et rendaient fort pénible la croisière sur ce point.

Je la continuai cependant, en confirmant les dispositions prises par M. de Rabaudy, et que le succès avait justifiées. J'ordonnai de ne s'emparer que des bâtiments portugais d'une certaine valeur, afin de ne pas faire tomber le poids des hostilités sur les caboteurs, et de ne pas toucher aux pêcheurs, qui continuèrent d'exercer leur industrie près de nous. Je prescrivis les plus grands égards envers les neutres que nous aurions occasion de visiter.

Après un grand nombre de rencontres sans intérêt, nous eûmes connaissance, le 1er juillet, d'un bâtiment portugais sous le cap La Roque : le *Hussard* le chassa sans pouvoir l'arrêter, malgré plusieurs coups de canon qu'il lui tira, et le bâtiment atteignit la baie de Cascaës, où il mouilla sous la citadelle, qui tira sur le *Hussard*.

Arrivé sur ce point avec le *Suffren* et la *Melpomène*, j'eus à décider si j'abandonnerais le navire, ou si, en l'enlevant, je trancherais définitivement la question de paix ou de guerre existant entre la France et le Portugal. Mais le fort ayant pris l'initiative, il me parut que si je m'abstenais de le combattre, je pourrais jeter du doute sur la vigueur que je voulais mettre dans mes opérations futures. Je l'attaquai donc. La *Melpomène*, placée dans mes eaux, lui envoya également plusieurs volées, auxquelles il répondit maladroitement, et le navire ayant amené son pavillon, les lieutenants de frégate de Sérigny et Cournet, du *Suffren*, en prirent possession et l'emmenèrent au large.

Je l'expédiai pour Brest. De ce jour, les doutes qui pouvaient rester sur la nature de nos rapports avec le Portugal étaient entièrement dissipés, et nous étions en guerre avec le gouvernement de ce pays.

Dans la nuit, la violence du vent nous enleva notre grand mât de hune.

Le 6, j'eus connaissance de l'escadre, composée des vaisseaux *le Marengo*, *l'Algésiras*, *le Trident*, *la Ville de Marseille* et *l'Alger*; des frégates *la Pallas*, *la Didon*, et des corvettes *la Perle* et *le Dragon*; elle était sous le pavillon de M. le contre-amiral baron Hugon, ayant sous ses ordres MM. les capitaines de vaisseau Maillart-Liscourt, Forsans, Moulac, de la Susse, Le Blanc, de Châteauville et Casy, et les capitaines de frégate Jouglas et Delofre.

Je la ralliai à midi avec le vaisseau *le Suffren* et la frégate *la Melpomène*, commandés par MM. les capitaines de vaisseau Trotell et de Rabaudy, et les avisos *l'Églé*, *le Hussard* et *l'Endymion*, commandés par les capitaines de frégate Raffy, Thoulon, et le lieutenant de vaisseau Nonay.

Jamais plus belle escadre ne réjouit les regards d'un ami de son pays, et je fus fier en voyant cette preuve de la puissance du mien.

J'allai mouiller sous la pointe de Cascaës avec le *Suffren*, le *Trident* et la *Melpomène*, en chargeant le capitaine Maillart-Liscourt de faire croiser le reste de l'escadre sous le cap La Roque, et de venir reconnaître mes signaux le lendemain à la pointe du jour.

Mon dessein, en prenant ce mouillage, était de conférer avec le contre-amiral Hugon, sur nos opérations prochaines, et de lui communiquer les instructions que j'avais préparées à cet effet.

Outre les bons avis que je dus à son expérience, déjà si souvent et si noblement éprouvée, il reconnut avec moi que le succès d'une attaque sur le Tage était presque entièrement subordonné aux conditions du temps et du vent; car si les obstacles militaires, multipliés à l'entrée de ce fleuve, pouvaient être surmontés, il n'en était pas ainsi de ceux que la direction, le peu de largeur des passes et la rapidité des courants offriraient, si l'on n'était pas secondé par des vents favorables, c'est-à-dire par des vents de l'arrière ou largues; et malheureusement la saison semblait exclure ceux de cette espèce.

Le lendemain, 7 juillet, j'appelai l'escadre au mouillage, et je fis lire l'ordre du jour ci-joint sur l'objet de l'expédition.

J'entretins les capitaines des détails de l'exécution. Je leur remis le tableau des ordres de marche et de bataille de l'escadre, les notes de Franzini sur l'entrée du Tage, mes instructions sur l'attaque à ses diverses périodes, et sur le rôle destiné à chacun d'eux suivant les éventualités. Je trouvai dans ces messieurs les dispositions que j'en attendais, d'après la brillante réputation dont ils jouissent, et je m'applaudis d'avoir de tels coopérateurs.

J'arrêtai le projet de l'opération sur deux hypothèses.

La première admettait que les vaisseaux éprouveraient assez d'avaries en franchissant les forts de Saint-Julien et Bugio, pour ne pas pouvoir continuer immédiatement leur route jusque devant Lisbonne. Dans ce cas, l'escadre devait mouiller par le travers de Paço d'Arcos, où les forts sont moins rapprochés, et s'y arrêter pour achever ensuite, si l'ennemi, trop peu frappé du succès obtenu, n'offrait pas de se soumettre.

La seconde supposait de moindre avaries. Alors, l'escadre devait parcourir, sans s'arrêter, toute la longueur du goulet, et aller s'embosser devant l'escadre portugaise et les quais de Lisbonne. Ces deux suppositions furent traitées avec détail dans mes instructions, et j'indiquai un signal pour faire connaître laquelle des deux serait adoptée dans le cours de l'action.

Je gardai l'escadre au mouillage pendant quarante-huit heures, afin de la faire bien juger à Lisbonne, que nous relevions à trois lieues dans l'est-nord-est.

Pendant ce temps, je délibérai si j'enverrais une sommation par parlementaire.

Cette démarche pouvait avoir un caractère de transaction susceptible d'affaiblir notre attitude aux yeux de l'ennemi. Elle pouvait avoir aussi, en ne réussissant pas, l'inconvénient de le mettre à même de faire des préparatifs de défense que, dans le doute, il pouvait avoir ajournés.

Mais, d'un autre côté, je considérai que si, comme la saison le faisait craindre, les vents favorables à l'attaque tardaient beaucoup, j'aurais le désavantage d'être resté dans une complète inaction. Je réfléchis que l'envoi d'une sommation, ne réussît-il pas, aurait cependant l'importante utilité de me procurer, sur l'intérieur du Tage, des renseignements que je ne possédais pas. Je pensai encore que cet avertissement, donné à un ennemi contre lequel la guerre que nous faisions, toute légale qu'elle fût, n'avait pas été déclarée par un manifeste, dans les formes usitées, serait une démarche digne de notre nation, et qui ne pouvait rien compromettre de la teneur de vos ordres, car je me proposais d'en reproduire textuellement les dispositions dans ma lettre, en les présentant comme la base invariable du traité à intervenir. Enfin, avant de me porter à détruire peut-être une ville de deux cent quatre-vingt mille âmes, je sentis le désir de commencer par la menacer, et je voulus remplir un devoir qui me parut sacré, celui de prévenir les consuls étrangers, pour qu'ils pourvussent à la sûreté de leurs compatriotes.

Le 8, j'écrivis à M. le vicomte de Santarem, ministre des affaires étrangères à Lisbonne, les lettres ci-jointes nos 2 et 3, et aux consuls, la circulaire également ci-jointe n° 4.

Je chargeai M. le capitaine de frégate Delofre, commandant le brick *le Dragon,* et le lieutenant de vaisseau Decayeu, mon second adjudant, de les porter, et en même temps de se mettre en état de répondre à une série de questions que je leur posai sur les localités du Tage, les vents, les courants, la position, le nombre, la force et le relief des forts et batteries intérieures, l'esprit de la population, etc. Ils remplirent l'un et l'autre cette mission avec autant d'activité que de talent.

Je n'avais pas de pilote dont la capacité me fût garantie.

Le *Dragon* me rejoignit dans le délai de quarante-huit heures, que je lui avais assigné. Le gouvernement portugais rejetait définitivement les demandes de la France : l'heure était venue de l'en punir.

Décidé à ne pas différer d'un seul jour, si je le pouvais, l'exécution de cette menace, je résolus de profiter des premiers vents favorables, ne fussent-ils que nord-nord-ouest. Les pêcheurs que nous avions forcés à nous suivre les trouvaient trop courts. J'espérai qu'avec de bons bâtiments, ils suffiraient.

Ils se levèrent à huit heures. A dix heures, nous appareillâmes, et, portant sur l'escadre qui s'approchait, je signalai l'ordre de bataille, tribord amures, pour avoir le temps de terminer nos dernières dispositions.

Rien ne saurait peindre l'ardeur qui se manifesta dans l'escadre, à la vue de ce signal. On put en juger par la promptitude avec laquelle l'ordre de bataille fut formé, malgré une forte brise, une brume très épaisse et la dureté de la mer. Cette précision ardente, indispensable dans les opérations navales, se fit remarquer au plus haut degré dans la manœuvre de tous les vaisseaux et frégates de la ligne de bataille, et les petits bâtiments ne mirent pas moins d'activité à transmettre mes derniers ordres sur toute la ligne et à prendre leur poste de combat.

Tout étant prêt à midi et demi, je signalai de virer lof pour lof par la contremarche. Ce mouvement opéra le rapprochement que je désirais dans les distances, et à une heure et demie, laissant arriver sur la passe du sud, l'escadre donna à pleines voiles dans le Tage, en gouvernant entre les forts Saint-Julien et Bugio.

Elle était rangée, d'après l'ancienneté des capitaines et la force des vaisseaux, dans l'ordre suivant :

Le vaisseau *le Marengo;*
— *l'Algésiras;*
— *le Suffren;*
— *la Ville de Marseille;*
— *le Trident;*
— *l'Alger;*
La frégate *la Pallas;*
— *la Melpomène;*
— *la Didon;*
La corvette *l'Églé;*
Le brick *l'Endymion;*
— *le Dragon;*
L'aviso *la Perle.*

Afin d'éviter de souffrir de nos propres feux, j'avais placé les corvettes à la droite de la ligne, avec ordre aux vaisseaux qui les avaient par leur travers de ne pas tirer de ce côté. Par cette disposition, la tour de Bugio devait être combattue exclusivement par les frégates et les corvettes, tandis que les vaisseaux porteraient tous leurs efforts sur Saint-Julien.

Au moment d'entrer, je parcourus les batteries où je trouvai un ordre et un enthousiasme admirables : je ne doutai pas que la marine ne touchât à une glorieuse journée.

A peine étais-je remonté, que les premiers forts de l'entrée ouvrirent leur feu; nous étions à une trop grande portée : la direction de la route nous empêchait de les découvrir en belle; nous continuâmes encore dix minutes sans riposter.

Enfin, le *Marengo,* et successivement l'*Algésiras,* le *Suffren* et toute la ligne, tirèrent, et dans ce moment le fort Saint-Julien fut couvert d'une masse de fer dont un nuage de pierres et de sable attesta les effets.

Néanmoins, notre distance de ce fort ne fut pas moindre de cinq cents toises. Elle resta à peu près la même de la tour de

Bugio, que les frégates et corvettes combattaient. Mais la bonne direction et la vivacité de nos coups suppléant à la proximité, ces deux forts furent bientôt dans le plus misérable état, et Bugio, serré de plus près par les frégates et les corvettes, fut bientôt éteint.

L'histoire de ces forts principaux serait celle de tous les autres que nous prolongeâmes successivement à la distance de cinq cents à cent toises, en avançant dans le fleuve : je ne la répéterai donc pas. A mesure que nous passions devant eux, ils commençaient un feu très vif ; mais aucun n'a pu le continuer après cinq ou six volées de l'escadre. Ils ne tiraient plus ensuite que quelques coups aussi rares que mal dirigés, et les acclamations des équipages seules se faisaient entendre.

Jamais donc réputation plus formidable ne fut si peu méritée que celle des forts du Tage, et jamais on ne tira un plus mauvais parti d'une artillerie plus nombreuse et de positions plus favorables à la défensive.

L'escadre parvint, sans altérer un seul instant son ordre, par le travers du Paço d'Arcos. L'absence d'avaries majeures m'avait décidé, aussitôt après avoir dépassé Saint-Julien et Bugio, à pousser jusque devant Lisbonne. Mais soit que le signal de continuer ne fût pas hissé assez tôt, soit qu'il n'ait pas été aperçu des vaisseaux de tête, le *Marengo* et l'*Algésiras* mouillèrent au poste qui leur était assigné dans la première partie du plan.

Ce fut la seule contrariété que nous éprouvâmes dans un trajet de près de quatre lieues, et encore fournit-elle aux capitaines de ces vaisseaux l'occasion de donner une nouvelle preuve de leur habile fermeté. A peine aperçurent-ils que le reste de l'escadre continuait sa route, qu'ils remirent sous voiles et reprirent poste dans la ligne.

Cette brillante manœuvre excita les applaudissements de l'escadre et d'innombrables cris de : « Vive le Roi! »

A quatre heures, le *Suffren*, devenu chef de file, suivi de la *Ville de Marseille*, du *Trident*, de l'*Alger*, des frégates *la Pallas*, *la Melpomène* et *la Didon*, rangea la tour de Bélem à soixante

toises de distance, la canonna vivement et abattit son pavillon ;
puis, étant parvenu par le travers du nouveau palais et d'un grand
édifice, qui me parut être une corderie appartenant à l'État, je fis
mouiller. Depuis Bélem, ne prolongeant plus que des bâtiments
particuliers, j'avais ordonné de suspendre le feu, afin de ne combattre que ce qui pouvait encore se défendre : j'en ai usé ainsi
dans tout le trajet de l'escadre.

Le *Trident*, l'*Alger* et l'*Algésiras*, encore sous voiles, ainsi que
les frégates et corvettes, se portèrent sur l'escade embossée entre
la ville et la pointe du Pontal. Ils reçurent l'ordre de la combattre et de l'amariner, et, primant de vitesse la plupart de ces
bâtiments, la *Pallas* tira les premières volées, qui furent aussi
les dernières, et suffirent pour faire disparaître le pavillon portugais.

A cinq heures, toute l'escadre était mouillée à deux cents toises
des quais de la ville, où régna bientôt le plus profond silence.

J'envoyai sur-le-champ M. le capitaine de corvette Ollivier,
mon chef d'état-major, porter au gouvernement portugais la lettre
ci-jointe, n° 6.

Dictée dans le sentiment de notre puissance, elle ne différa point
des bases posées avant la victoire.

Doublement vaincu, le gouvernement portugais céda à la force
et à la générosité, et à dix heures je reçus son adhésion formelle à
toutes les demandes de la France. Nos prisonniers me furent
remis.

Telle a été, Monsieur le ministre, l'exécution de vos ordres.

En voyant, après un succès aussi complet, combien il nous
a peu coûté, je ne craindrai pas d'en voir affaiblir le prix :
c'est au vaincu seul à regretter de n'avoir pas su suffisamment
honorer sa défaite. Celle-ci consiste dans la destruction d'un
prestige qui faisait la force d'un gouvernement orgueilleux, et
qu'adoptait l'Europe entière, *l'inexpugnabilité du Tage du côté
de la mer*.

Il sera tenu compte à la marine française d'y avoir substitué une
glorieuse et incontestable réalité.

Vous avez vu, par ce rapport, à quel point l'escadre que j'ai l'honneur de commander a mérité de réussir. L'éloge que je viens de faire de ses officiers est également dû aux équipages.

Jamais plus d'ardeur, de subordination et de patriotisme ne se sont trouvés réunis, et je ne saurais en faire un éloge trop étendu.

J'accomplis le plus doux de mes devoirs en mettant sous vos yeux la liste des principaux titres que j'ai vu acquérir, et en vous suppliant de les soumettre au Roi, rémunérateur des services rendus à la patrie.

Mais je consacrerai d'avance mes obligations envers M. le contre-amiral Hugon, pour le dévouement avec lequel il m'a secondé soit en m'amenant de Toulon une escadre parfaitement exercée par ses soins et animée du meilleur esprit, soit par l'habileté de ses conseils et de son exemple. Il a justifié de nouveau l'attente de la marine et tout ce qui peut lui assurer mon attachement et ma reconnaissance.

J'ai l'honneur de vous prier, Monsieur le ministre, d'agréer l'hommage de mon profond respect.

> Le contre-amiral, commandant en chef
> l'escadre française dans le Tage,
>
> Baron Roussin.

P.-S. — Vous avez pu remarquer que j'ai averti les consuls étrangers de mon projet d'attaque sur Lisbonne, afin qu'ils en prévinssent leurs nationaux. Je ne leur ai pas moins écrit, le lendemain de l'événement, pour leur offrir mes services, dans le cas où les bâtiments sous leurs pavillons auraient reçu des dommages. Trois hanovriens, qui avaient négligé de se retirer, ayant souffert, je les ai fait réparer. J'ai reçu de tous les consuls des lettres pleines de remerciements.

N° 19.

A bord du vaisseau *le Suffren,*
devant Lisbonne, le 29 juillet 1831.

*Confidentielle. M. le contre-amiral Roussin à M. le vicomte de
Santarem, ministre des affaires étrangères à Lisbonne.*

MONSIEUR LE VICOMTE,

Lorsqu'une pensée me semble généreuse, je n'ai plus le pouvoir
de m'en délivrer. Celle que je vous ai communiquée, il y a quelques
jours, me paraît avoir ce caractère, et vous en avez jugé comme
moi : j'espère donc vous trouver aussi empressé de la réaliser que
je le suis moi-même.

Pour y parvenir, je crois nécessaire de vous la présenter de
nouveau sous l'aspect le plus clair et le plus positif. Voici comment
je la conçois :

Je vous propose de confier à la France, à son honneur, à sa
modération dont elle donne chaque jour des preuves irrécusables,
les prisonniers politiques que vous retenez.

Une telle concession ne devant être faite que dans un but de
pacification commun à tous les intérêts, elle devra nécessairement
entraîner, de la part de ces prisonniers, le serment de demeurer
neutres tant que dureront les dissensions civiles de leur pays,
espace de temps dont on ne peut fixer la durée. Cette mesure embrasserait particulièrement les officiers civils et militaires de toutes
conditions qui peuvent se lier par un engagement de cette nature.

Celui de la France y joindrait la plus irréfragable des garanties.

Le gouvernement portugais lèverait, au moins partiellement, le
séquestre qu'il a mis sur les biens des prisonniers, afin qu'ils puissent pourvoir à leur subsistance en France. De cet arrangement
résulterait le plus noble spectacle qui puisse être offert aux sociétés
humaines :

Le Portugal désarmant ses ressentiments contre ceux de ses
concitoyens qu'il regarde aujourd'hui comme ennemis ;

La France exerçant la seule intervention qu'avoue l'humanité : celle qui sauve les victimes toujours regrettées d'une guerre civile, sous quelque couleur qu'elles aient succombé.

Cet arrangement, qui doit être l'objet de tous vos désirs, parce que, sans vous exposer à aucun danger, il vous affranchirait des violences dans lesquelles vous êtes engagé, et que l'Europe blâme le plus ; cet arrangement, dis-je, je suis disposé à vous le rendre profitable sous un autre point de vue le plus important pour vous.

Sans attendre plus longtemps la décision de mon gouvernement au sujet de vos bâtiments armés que la guerre a mis en mon pouvoir, je prendrai sur moi de vous en rendre sur-le-champ la moitié, en échange de vos prisonniers ; et je croirai en cela, Monsieur le vicomte, faire l'acte le plus honorable pour nos deux pays, et attirer sur vous et sur moi leur plus vive reconnaissance.

Je prie Votre Excellence de réfléchir à cette proposition, et de me dire promptement ce qu'elle en pense.

Recevez, Monsieur le vicomte, l'expression de ma haute considération.

> Le contre-amiral, commandant en chef
> l'escadre française dans le Tage,
> Baron ROUSSIN.

Nº 20.

> A bord du vaisseau *le Suffren*,
> le 8 août 1831, devant Lisbonne.

M. le contre-amiral Roussin à M. le vicomte de Santarem,
ministre des affaires étrangères à Lisbonne.

MONSIEUR LE VICOMTE,

J'ai l'honneur d'appeler sur ce qui suit votre plus sérieuse et votre plus prompte attention.

On m'assure « que M. le vicomte de Santarem, présenté offi-

« ciellement à l'Europe comme ninistre des affaires étrangères du
« Portugal, n'est nullement autorisé par son gouvernement à traiter
« avec moi ; que les engagements qu'il a pris sont sans valeur pour
« messieurs ses collègues ; que depuis près d'un mois aucun conseil
« de cabinet ne s'est assemblé ; qu'en conséquence, chaque ministre,
« agissant de son propre mouvement, n'a nul égard pour ce que
« les autres peuvent avoir fait ; et on cite à l'appui de cette asser-
« tion les préparatifs hostiles que M. le ministre de la guerre aurait
« fait exécuter dans les forts de la Barre, malgré l'engagement
« formel pris par M. le vicomte de Santarem (article 17 du traité),
« portant qu'il n'en serait fait aucun tant que mon escadre serait
« dans le Tage. »

On assure « que des munitions de tout genre ont été envoyées
« dans ces forts, que des fourneaux à boulets rouges ont été
« établis à Saint-Julien ; enfin, que l'ordre a été donné de tirer
« sur les prises portugaises, si je les fais sortir sous pavillon
« français ».

Je m'arrête ici, Monsieur le vicomte. J'en ai dit assez pour
vous faire connaître ma pensée et pour provoquer immédiatement
l'expression de la vôtre.

Je l'attends.

Je n'ai manqué à aucun de mes engagements ; j'ai donc le droit
d'exiger la même fidélité dans les autres, et j'en userai.

Je ne vous ai jamais caché que l'ordre de mon gouvernement
déciderait du sort des bâtiments capturés par mon escadre. J'ai
pris sur ma responsabilité de vous en rendre une partie, à une condition que je vous ai présentée confidentiellement. Si vous ne
l'acceptez pas sans délai, j'exécuterai les ordres que j'attends.
S'ils me prescrivent d'emmener les bâtiments capturés, je les
emmènerai ; et si l'on y met le moindre obstacle, je suis en mesure
d'en faire amèrement repentir.

Je n'attribue à personne un manque de foi odieux dont je serais
incapable. Nous sommes en paix : je dois me reposer sur le droit
des gens.

Mais les avis ci-dessus me mettent dans la nécessité, Monsieur le vicomte, de vous demander une réponse immédiate aux deux questions suivantes :

1° Est-il vrai qu'au mépris de votre engagement formel, des travaux militaires ont été ordonnés et exécutés sur les forts de la Barre, depuis mon entrée dans le Tage?

2° L'ordre a-t-il été donné ou doit-il être donné aux commandants de ces forts de tirer sur l'un ou l'autre des bâtiments de mon escadre?

Votre Excellence sentira, je l'espère, qu'aucun doute ne peut être laissé sur ces questions, et j'attends sa réponse catégorique avant six heures du soir.

Je la prie de revoir l'expression de ma haute considération.

Le vice-amiral, commandant en chef
l'escadre française du Tage,
Baron ROUSSIN.

Nº 21.

A bord du vaisseau le Suffren,
devant Lisbonne, le 9 août 1831.

Le vice-amiral Roussin à M. le vicomte de Santarem, ministre des affaires étrangères à Lisbonne.

MONSIEUR LE VICOMTE,

J'ai reçu vos deux réponses à ma lettre d'hier : j'y ai remarqué la même émotion que j'ai éprouvée moi-même, et je ne doutais pas que Votre Excellence ne pensât comme moi quand il s'agit de bonne foi et de fidélité à des engagements sacrés.

Vous établissez que les faits accomplis prouvent que toutes nos stipulations ont été exécutées. J'ai indiqué dans ma note d'hier matin les divers points sur lesquels j'aperçois encore du retard, et depuis ce moment rien n'ayant changé, je conserve la même opinion.

Les bruits que je vous ai dénoncés ont dû exciter ma défiance.

Mais vous les démentez avec chaleur, parce qu'ils vous révoltent
comme ils m'ont révolté ; je n'en parlerai donc pas davantage, laissant au temps et aux événements à les vérifier ou à les démentir.

Je passerai à un autre objet.

J'ai reçu les ordres de mon gouvernement relativement aux
bâtiments que j'ai capturés dans le Tage. Il juge que, par toutes
les lois de la guerre, ils sont propriété française.

En effet, ces bâtiments armés, embossés pour combattre sous
leur pavillon, ont fait feu sur le mien. Leur défense a été courte,
il est vrai ; mais en pareil cas, ce n'est pas la durée qui caracté-
rise un combat, il suffit qu'il ait commencé. Or, il y a eu ici
attaque et défense : le pavillon portugais a été amené, il y a donc
capture régulière, et à tel point que j'ai traité les officiers et les
équipages comme prisonniers de guerre.

Votre protestation s'appuie sur une distinction entre la guerre
de fait et la guerre de droit.

Il n'est pas possible d'admettre qu'après la déclaration du
16 mai, la capture de dix-sept bâtiments, mon engagement avec
le fort de Cascaës, l'envoi de mon parlementaire du 9 juillet, par
lequel j'ai offert nettement au gouvernement portugais l'alternative de la paix ou de la guerre ; il n'est pas possible, dis-je, de
soutenir qu'il pût rester quelque doute sur les rapports existant
entre nos deux pays. A l'époque du 11 juillet, ils étaient évidemment en guerre, et, comme je vous l'ai annoncé alors, toutes les
conséquences de la guerre pouvaient être prévues.

J'ajouterai enfin qu'après avoir forcé le Tage, la sommation
que j'eus l'honneur de vous adresser le 11 juillet, à cinq heures du
soir, portait textuellement ces mots : « La France, toujours géné-
« reuse, vous offre les mêmes conditions qu'avant la victoire. Je
« me réserve seulement, en en recueillant les fruits, d'y ajouter
« des indemnités pour les victimes de la guerre. »

Il est impossible d'interpréter cette dernière phrase autrement
que comme une déclaration formelle des droits de la France sur
les bâtiments qui venaient d'être capturés dans le Tage, et ma
lettre du 12 juillet, antérieure au traité, ne laisse pas de doute à

ce sujet. Tel est l'état des choses à cet égard, et le droit de la France sur les bâtiments capturés par son escadre est incontestable. J'en ai déféré à mon gouvernement, qui a prononcé dans ce sens.

Maintenant, Monsieur le vicomte, je suis prêt à exécuter ses ordres. Mais, pénétré d'un sentiment d'humanité dont je m'honore, et de l'esprit de conciliation qui anime le gouvernement français, et que la France a montré en tant d'occasions, je vous ai offert un moyen d'affaiblir les pertes que les chances de la guerre vous ont causées.

Je vous ai proposé de mettre à ma disposition une partie des prisonniers politiques que vous retenez, en vous garantissant sur leur parole et l'engagement de la France que, transportés sur le territoire français, ils resteront neutres envers votre gouvernement pendant un temps déterminé. Vous n'avez pas répondu à cette proposition au jour indiqué : je pourrais donc en conclure que vous la rejetez.

Cependant, son objet est si sacré, que je crois devoir la présenter une dernière fois, en vous priant de recourir à ma lettre du 6 de ce mois, et de ne pas différer votre réponse, quelle qu'elle soit, de plus de vingt-quatre heures. Je ne l'attendrai que jusqu'à demain midi.

Recevez, Monsieur le vicomte, l'expression de ma haute considération.

> Le vice-amiral, commandant en chef
> l'escadre française du Tage,
> Baron ROUSSIN.

N° 22.

> A bord du vaisseau *le Suffren*,
> devant Lisbonne, le 13 août 1831.

Le vice-amiral Roussin à M. le vicomte de Santarem, ministre des affaires étrangères à Lisbonne.

MONSIEUR LE VICOMTE,

J'ai reçu la lettre que vous m'avez fait l'honneur de m'adresser hier en réponse à la mienne du jour précédent. Elle revient sur un

sujet qui n'était plus en discussion, car Votre Excellence se rap-
pellera sans doute que, bien que, par ma position et ma conviction,
je fusse d'un avis contraire au sien, je n'ai pas voulu décider moi-
même la question des bâtiments capturés : je l'ai soumise à mon
gouvernement avec votre protestation du 14 juillet, en me bornant
à lui demander ses ordres. Je dois donc m'abstenir de dire un mot
de plus sur cet objet.

Le silence que vous avez gardé sur la seconde proposition contenue dans ma dernière lettre, me prouve qu'il n'y a aucune possibilité de réaliser l'espoir que j'avais conçu ; espoir fondé à la fois
sur un grand sentiment d'humanité et sur le désir de provoquer
un acte honorable pour les deux pays qui se seraient entendus
pour l'accomplir.

Je regretterai toujours de n'y avoir pas réussi.

Permettez-moi de croire, Monsieur le vicomte, que Votre Excellence le regrette aussi, et que s'il eût dépendu d'elle, elle ne
m'aurait laissé, dans cette circonstance, d'autre avantage que
celui d'avoir pris l'initiative d'une proposition généreuse qu'elle
sait apprécier.

En prenant congé de Votre Excellence, qu'il me soit permis de
me rendre cette justice, que, dans l'accomplissement d'un devoir
rigoureux, je n'ai point abusé des avantages de ma position : bornant mon exigence aux seules conditions qui m'étaient prescrites,
j'ai cédé volontiers sur celles qui dépendaient de moi ; c'est ainsi
que j'ai abandonné à Votre Excellence le vaisseau le *Jean VI*, et
que je lui ai proposé, pour diminuer ses pertes, un moyen qui
n'avait rien que d'avantageux pour les intérêts qu'elle représente.

Je désire que, malgré le mauvais succès de cette démarche,
Votre Excellence me tienne au moins compte de l'intention, et
qu'elle accepte le dernier hommage de ma haute considération.

Le vice-amiral, commandant en chef
l'escadre française du Tage,

Baron ROUSSIN.

III

*Lettre de M. le prince de Talleyrand, ambassadeur de France en
Angleterre, à M. le contre-amiral baron Roussin.*

Londres, le 27 juillet 1831.

Monsieur le baron,

J'ai reçu la lettre que vous m'avez fait l'honneur de m'écrire le
12 de ce mois, et je m'empresse de vous remercier des brillantes
nouvelles qu'elle contient. Par votre fermeté, votre habileté, vous
avez fait complètement réussir une expédition où vous avez donné
de nouvelles preuves des talents qui honorent la marine française,
et je suis heureux d'être un des premiers à vous adresser des félicitations. Ici, on pensait assez généralement que la barre de Lisbonne opposait de tels obstacles qu'il était impossible de forcer
l'entrée du Tage.

Je vous prie, Monsieur le baron, d'agréer de nouveau tous mes
remerciements et l'assurance de ma haute considération.

Signé : Le prince DE TALLEYRAND.

IV

*Extrait du discours du Roi prononcé le 23 juillet 1831
à l'ouverture de la session des Chambres.*

. . . .

« Le pouvoir qui domine en Portugal avait outragé des Fran-
« çais ; il avait méconnu à leur égard les droits de la justice et de

« l'humanité. Pour obtenir des réparations vainement demandées,
« nos vaisseaux ont paru devant le Tage; je viens de recevoir la
« nouvelle qu'ils en ont forcé l'entrée; les satisfactions jusque-là
« refusées nous ont été offertes, les bâtiments de guerre portugais
« sont en notre pouvoir; le pavillon tricolore flotte sous les murs
« de Lisbonne. » . . . .

. . . .

J

I

*Le vice-amiral Roussin au ministre des affaires étrangères,
président du Conseil des ministres.*

Thérapia, 13 juillet 1836.

MONSIEUR LE PRÉSIDENT DU CONSEIL,

J'ai eu l'honneur de vous dire en finissant ma dernière dépêche
que je venais d'avoir avec Achmet-Férik Pacha une conversation
de nature à vous intéresser. Comme elle exige d'assez grands
développements, je voulais attendre une occasion favorable pour
vous en rendre compte ; mais je n'ai point de courrier à renvoyer,
et sachant que la légation turque a l'ordre de s'ouvrir sans retard
avec vous de l'objet en question, je me décide à vous en entretenir
par la correspondance ordinaire, c'est-à-dire avec la brièveté néces-
sitée par l'emploi du chiffre ; plus tard, je reviendrai sur les détails
qui cette fois me sont interdits.

Cette conversation a roulé sur le pacha d'Égypte et ses rapports
avec le Sultan.

J'ai dit à Férik Pacha « que mon séjour en Orient m'avait
« prouvé que la vitalité des éléments musulmans n'était pas
« éteinte ; mais qu'en même temps j'étais convaincu que cette
« condition d'existence ne suffisait plus pour sauver l'Empire otto-
« man, s'il ne revenait promptement à l'unité dans toutes ses par-
« ties et à se reconstituer en un ensemble compact. Que, dans l'état
« de choses actuel, les lambeaux de cet empire, divisés comme ils

« le sont sous les yeux de l'Europe, excitant sa convoitise, ne
« pouvaient manquer d'amener une conflagration, où ils disparaî-
« traient l'un après l'autre ; tandis que réunis, rassemblés sous les
« liens d'une foi commune, d'une même langue, et favorisés du ter-
« ritoire le mieux situé et le plus avantageusement circonscrit, ils
« pouvaient encore résister par leur masse. J'ai ajouté qu'ils avaient
« d'autant plus de chances d'y parvenir, que les deux moitiés
« de l'Europe, opposées d'intérêts, ont besoin plus que jamais
« d'une barrière qui les sépare l'une de l'autre. Que l'Empire
« ottoman peut encore former cette barrière, mais que ce ne sera
« qu'autant qu'il reprendra son unité ; qu'elle renaîtra par une
« réconciliation prompte et entière entre le Sultan et le pacha
« d'Égypte. »

J'ai prié le pacha de me dire nettement ce qu'il sait de la pensée
du Sultan là-dessus.

« Quant à Méhémet-Ali, ai-je ajouté, les probabilités sont qu'il
« doit se prêter à un tel rapprochement, si on lui en montre les
« nombreux avantages, et s'il y trouve parfaite sécurité.

« En effet, il ne peut pas se dissimuler que ses rêves d'indépen-
« dance sont finis ; les puissances maritimes se sont prononcées à
« ce sujet. Il est âgé, et puisqu'il n'est pas arrivé à Constanti-
« nople en 1833, il n'y entrera jamais. Il ne peut pas se dissimuler
« l'effroyable épuisement de toutes ressources résultant de ses exac-
« tions dans les provinces qu'il gouverne, et qui, le mettant dans
« l'impossibilité de continuer ainsi, le forcent de conquérir ou de
« tomber. Or, on ne le laissera sans doute plus conquérir :

« Il doit ainsi prêter l'oreille à des avances qui le tireraient
« d'une si fâcheuse alternative.

« Il montrera d'abord de grandes prétentions. Il parlera non
« seulement de posséder à vie ses gouvernements, mais de les assurer
« à son fils. Si cette dernière concession serait exorbitante, parce
« qu'elle est contraire aux lois musulmanes, elle n'est pourtant pas
« sans exemple dans l'Empire, au moins dans les régences : ce n'est
« qu'après plus d'un demi-siècle que la famille Karamanli a été
« dépossédée à Tripoli. Quant à laisser le pouvoir au pacha sa vie

« durant, je ne vois pas ce qui porterait le Sultan à le refuser : la
« possession est un titre que Méhémet-Ali perpétuerait vraisembla-
« blement de lui-même jusqu'à sa mort.

« Il s'agit donc de savoir, ai-je dit en finissant, si deux puis-
« sances telles que la France et l'Angleterre, dont l'alliance ne
« peut plus être douteuse, garantissant au Grand Seigneur la
« fidélité et le dévouement du pacha d'Égypte, Sa Hautesse
« serait disposée à lui faire des concessions et à nous en rendre
« garants. »

L'attention avec laquelle Achmet Pacha m'a écouté, et le peu
de surprise que lui a causé ma proposition, m'avait préparé à sa
réponse.

Elle a été « que le Sultan était convaincu comme moi du danger
« de sa situation envers l'Égypte ; que sachant l'impossibilité où il
« se trouvait de la changer par la force, il consentirait, sans doute,
« à un rapprochement, mais qu'il avait toutes les raisons possibles
« de se méfier du pacha ; qu'il n'y aurait donc qu'une intervention
« telle que celle de la France et de l'Angleterre qui pût assurer un
« semblable arrangement ».

Nous ne pouvions pas aller plus loin pour cette fois. Nous
sommes convenus qu'Achmet Pacha rendrait compte de tout au
Sultan, et que le surlendemain, qui était hier, il me ferait connaître
la réponse de Sa Hautesse.

J'ai chargé M. de Franqueville d'aller la recevoir, et voici, mot
pour mot, l'extrait de son rapport :

« Le Sultan a chargé Achmet Pacha d'écrire à Rechid Bey à
« Paris au sujet de l'Égypte (il me remettra sa lettre pour qu'elle
« arrive avec celle-ci), de me prier d'écrire moi-même dans le même
« sens à cet ambassadeur pour lui confirmer ce que lui dira Achmet
« Pacha et de m'assurer qu'il est prêt à investir de nouveau Méhé-
« met-Ali de ses gouvernements actuels pour sa vie entière, à
« l'exception de quelques districts les plus voisins d'ici, dont le
« retour à la Porte serait désirable pour éloigner les conflits, s'en
« remettant d'ailleurs avec confiance à l'intervention de la France
« et de l'Angleterre. »

Je n'ai rien relevé de ce que cet engagement a de restrictif, parce que rien n'y est motivé, et que l'important, en pareil cas, est de commencer la négociation. Mais je la crois possible parce que le Sultan a pleine confiance en nous et que cette négociation se ferait à l'insu de la Porte, c'est-à-dire hors de l'influence des ennemis personnels du pacha.

Je crois donc, Monsieur le président, qu'il convient de l'entreprendre aussitôt que Rechid Bey s'en sera ouvert avec le gouvernement du Roi. J'ai la conviction que le Sultan serait enchanté qu'elle réussît.

Voici quelles en devraient être les bases.

Afin de satisfaire aux convenances, il faudrait que le pacha fît un acte de soumission à son souverain portant hommage de tous ses gouvernements avec serment d'un dévouement à toute épreuve, s'ils lui sont de nouveau conférés. Plus les expressions seront humbles, plus on sera certain du succès : elles seront d'ailleurs sans inconvénient, car je ne remettrai un tel acte qu'avec la certitude absolue de recevoir en échange une investiture à vie, définitive et formelle.

Une fois la confiance rétablie, nous obtiendrons le désarmement réciproque et immédiat ; condition sans laquelle il est impossible d'éviter l'entière ruine des deux partis et toutes les conséquences politiques qui s'y rattachent.

Comme Achmet Pacha va partir, le Sultan a nommé pour son successeur dans les relations entre nous, Saïd Bey, ami des Mabeïndji, qui a sa confiance ; l'autre est Vassaf ; mais comme j'ai eu le choix entre les deux, j'ai préféré le premier : Vassaf, beau-fils de Pertew, étant l'âme de l'intrigue qui domine aujourd'hui la Porte et qui tombera sans doute quelque jour.

Voilà, Monsieur le président, ce que j'avais à vous confier. Je n'en ai rien dit à mon collègue, crainte de tout gâter à l'ordinaire : c'est à Paris que vous pourrez arranger le concours si vous le trouvez bon.

Vous trouverez ci-joint la lettre que je suis invité à écrire à Rechid Bey, pour lui confirmer l'avis que lui donne Achmet

Pacha. Je vous prie de la faire parvenir avec sa traduction si vous donnez suite à cette tentative.

Veuillez, je vous prie, etc.

Signé : Baron ROUSSIN.

II

Le ministre des affaires étrangères à l'ambassadeur de France à Constantinople.

Paris, le 19 janvier 1839.

Monsieur le baron, le Roi vient de signer les ratifications du traité (convention commerciale) que vous avez conclu avec la Porte le 25 novembre dernier, et je m'empresse de vous les adresser afin que vous puissiez procéder, dans le délai convenu, à leur échange avec les ratifications turques que vous aurez ensuite à me faire parvenir.

Vous voudrez bien également provoquer l'expédition des ordres nécessaires pour la mise à exécution du traité dans les différentes échelles à l'époque fixée, et faire parvenir en temps utile aux consuls du Roi une expédition de cet acte dont ils sont appelés à surveiller l'exécution.

. . . .

Je ne veux pas d'ailleurs vous transmettre l'acte royal qui consacre la conclusion de cette négociation importante sans vous renouveler, Monsieur le baron, le témoignage de la haute satisfaction de Sa Majesté pour l'habile persévérance et le zèle éclairé que vous y avez apportés.

Agréez, etc.

Signé : Comte MOLÉ.

III

Le ministre des affaires étrangères à l'ambassadeur de France à Constantinople.

Paris, le 7 juillet 1839.

MONSIEUR LE BARON,

Le gouvernement du Roi approuve tout ce que vous avez tenté auprès de la Porte pour lui faire abandonner le funeste système qu'elle a embrassé (faire la guerre à Méhémet-Ali).

Quelque juste méfiance que nous inspirassent depuis longtemps les dispositions personnelles de lord Ponsonby, nous étions pourtant loin de croire qu'il les portât au point de poursuivre un but diamétralement opposé à celui que sa cour se propose en commun avec nous. Je m'en suis franchement expliqué hier avec lord Granville, et je ne saurais douter que mes observations transmises à Londres ne portent leur fruit.

Le gouvernement anglais, je le répète, est parfaitement d'accord avec celui du Roi. Il est très vrai que d'abord le cabinet britannique inclinait à être fort partial en faveur des Turcs contre les Égyptiens, non seulement dans ses idées pour un arrangement définitif entre eux, mais même dans l'attitude et les mesures à prendre pour prévenir ou arrêter les hostilités. Mais il a cédé bientôt et de très bonne grâce à nos représentations. De là le rôle de médiateurs armés assigné aux deux escadres française et anglaise. C'est également d'après nos conseils que, après quelques hésitations, il a souscrit au projet d'établir à Vienne le siège des négociations à intervenir pour rétablir sur de meilleures bases la paix de l'Orient, projet dicté par la pensée d'entraîner l'Autriche autant que possible dans notre sphère d'action . . . .

Agréez, etc.

Signé : Maréchal DUC DE DALMATIE.

IV

*Le ministre des affaires étrangères à l'ambassadeur de France
à Constantinople.*

Paris, le 11 juillet 1839.

Monsieur le baron, je vous envoie le projet d'une note que vous
voudrez bien remettre à la Porte aussitôt après vous être concerté avec M. l'ambassadeur d'Angleterre, chargé par son gouvernement de faire une démarche semblable. Cette note a pour objet,
comme vous le verrez, d'obtenir que dans le cas où les forces russes
seraient appelées à Constantinople, le passage des Dardanelles fût
ouvert à nos escadres. J'ai invité M. de Saint-Aulaire à réclamer
pour cette démarche le concours du cabinet autrichien. Il devra
donc presser M. de Metternich d'autoriser l'Internonce à demander
aussi pour la même hypothèse, en faveur de la station autrichienne,
la libre admission dans la mer de Marmara. Si M. de Metternich
entre dans cette pensée, le courrier que je vous expédie sera probablement porteur des instructions adressées à l'Internonce. Vous
aurez alors à vous concerter avec ce dernier, comme avec lord
Ponsonby. Dans le cas contraire, M. de Saint-Aulaire vous
instruira du peu de succès ou du succès incomplet de ses efforts,
et vous n'en devrez pas moins passer outre. Vous pourrez aussi
vous entendre avec le ministre de Prusse dont la coopération, s'il
croyait être en mesure de vous l'accorder, aurait l'avantage de
prouver de plus en plus aux yeux de la Porte l'union des grandes
puissances. . . . .

M. de Metternich nous a fait aussi exprimer le vœu qu'un
concert intime et soutenu s'établît à Constantinople entre l'ambassade de France et la légation autrichienne. Comme je dois supposer que l'Internonce recevra des instructions conformes à ce
vœu dont la sincérité semble être garantie par l'identité presque

absolue des intérêts des deux cours dans la crise actuelle, je ne puis que vous engager à témoigner à cet envoyé toute la confiance que l'ensemble de sa manière d'être à votre égard pourra comporter. Vous savez comme moi que l'accord des représentants des puissances, et même, à défaut de la réalité, les seules apparences de cet accord sont un des plus puissants moyens d'agir sur les résolutions de la Porte.

Agréez, etc.

Signé : Maréchal duc DE DALMATIE.

V

Le ministre des affaires étrangères à l'ambassadeur de France à Constantinople.

Paris, le 7 août 1839.

MONSIEUR LE BARON,

Depuis la dernière expédition que je vous ai adressée, nous avons appris l'entrée de la flotte turque dans le port d'Alexandrie, le refus fait par Méhémet-Ali d'accéder aux propositions de la Porte, et les conditions exorbitantes qu'il met aujourd'hui à un arrangement. Je n'ai pas besoin de vous dire que ni la France ni les autres puissances ne peuvent approuver de telles exigences. Nous nous concertons en ce moment avec le cabinet de Londres sur les dispositions qu'elles peuvent rendre nécessaires de notre part, et j'ai déjà chargé notre consul de déclarer au vice-roi, dans les termes les plus formels, qu'alors même qu'il arracherait à la détresse de la Porte des conditions incompatibles avec la dignité du Sultan ou propres à compromettre l'avenir de l'Empire, elles n'obtiendraient pas l'assentiment des puissances européennes, si nécessaire cependant pour donner quelque valeur et quelque solidité à un tel arrangement.

C'est assez vous dire, Monsieur le baron, que le gouvernement du Roi persiste dans les vues que vous exposait ma dépêche du 27 juillet et confirme pleinement les instructions que vous y avez trouvées. Que la Porte ne se hâte pas de conclure avec Méhémet-Ali, qu'elle ne fasse rien surtout sans le concours de ses alliés, tels sont les conseils que vous ne devez pas cesser de lui faire entendre, les seuls qui se concilient avec ses intérêts évidents, et il lui sera d'autant plus facile de les suivre que le vice-roi, au milieu de toutes ses exigences, annonce pourtant l'intention de ne pas les appuyer par la force des armes. Rien n'oblige donc les ministres du Sultan à se hâter.

Je vous ai transmis, par le dernier paquebot, la réponse de l'Angleterre à notre déclaration en faveur de l'indépendance et de l'intégrité de l'Empire ottoman. Celle de l'Autriche m'est parvenue depuis. Elle est également satisfaisante. Les trois Cours sont unanimes à proclamer la nécessité d'un concert européen pour régler les affaires de l'Orient.

. . . .

Agréez, etc.

Signé : Maréchal duc DE DALMATIE.

VI

Extrait d'un discours prononcé par l'amiral Roussin
le 19 mai 1841 à la Chambre des pairs.

Après une interpellation de M. Viennet, M. l'amiral baron Roussin demande la parole et s'exprime en ces termes :

« Je n'ai qu'un mot à répondre à l'honorable préopinant ; il a « reproché au cabinet du 1er mars l'emploi qu'il a fait de la flotte. « Je ne puis m'empêcher de remarquer, dans les accusations qu'on « adresse à ce sujet au cabinet dont j'ai eu l'honneur de faire

« partie, une étrange contradiction : on l'accuse d'avoir voulu la
« guerre à tout prix, et en même temps de s'être abstenu du seul
« acte qui devait immédiatement amener la guerre ; cet acte était
« la présence de l'escadre française sur les côtes de Syrie. Si elle
« y eût paru, vingt-quatre heures ne se seraient pas écoulées
« que (sans même le vouloir d'aucun côté peut-être) la guerre
« n'eût éclaté. Porter la flotte sur les côtes de Syrie pour être
« témoins d'actes qui nous déplaisaient et que nous n'aurions pas
« pu empêcher sans entraîner la guerre, n'était pas admissible.
« Que restait-il donc à faire dans ce dilemme, sinon ce que le
« cabinet a fait? Ramener la flotte devant les îles d'Hyères,
« l'armer et la commander comme nous le projetions, lui donner
« vingt vaisseaux, autant de frégates et de bâtiments à vapeur. Là,
« elle eût été de quatre à dix jours au plus de distance de tous les
« points importants de la Méditerranée, sous le télégraphe de
« Toulon et de Paris, à portée des renforts de Toulon, à portée
« des côtes d'Afrique, de notre armée d'Alger, soit pour la ren-
« forcer sur les lieux mêmes, soit pour la transporter ailleurs, *par-*
« *tout ailleurs!* à portée du détroit de Gibraltar, d'où devaient
« venir tous les auxiliaires de nos ennemis en cas de guerre euro-
« péenne (et nous supposions la guerre européenne), à proximité
« enfin d'Alexandrie, des îles Baléares qu'il fallait au moins sur-
« veiller en cas de guerre générale, ainsi que des côtes d'Espagne,
« d'Italie, etc., etc.

« Je soutiens donc que la flotte, dans cette position, eût été bien
« plus imposante, plus menaçante, que sur aucun point quel-
« conque de la Méditerranée, excepté sans doute des côtes de
« Syrie ; mais là, je le répète, c'eût été la guerre, puisque les
« Anglais y étaient pour faire des actes que nous ne pouvions
« empêcher que par cette guerre qu'on reproche avec tant d'injus-
« tice et de mauvaise foi au cabinet du 1er mars d'avoir pro-
« voquée et voulue à tout prix. »

VII

*Rapport au Roi pour l'élévation du vice-amiral Roussin
à la dignité d'amiral.*

Paris, le 18 octobre 1840.

SIRE,

Au mois de février dernier, avant la retraite du ministère du 12 mai dont j'avais l'honneur de faire partie, j'avais proposé à Votre Majesté, d'après l'intention qu'Elle m'en avait exprimée, de nommer M. le vice-amiral Roussin à la place d'amiral vacante par la mort de M. le comte Truguet. Cette proposition avait été ajournée, à raison de l'entrée de M. le baron Roussin au cabinet du 1er mars. Je regarde comme un devoir aujourd'hui de la reprendre, et je vais remettre sous les yeux du Roi les titres de M. le vice-amiral Roussin à la dignité d'amiral.

Cet officier général, aujourd'hui âgé de cinquante-neuf ans, a commencé sa carrière militaire en 1793, c'est-à-dire il y a quarante-sept ans. Nommé enseigne de vaisseau en 1803, il a obtenu le grade de lieutenant de vaisseau en 1808, à la suite des combats auxquels il a pris part pendant plusieurs croisières dans les mers de l'Inde et de la Chine. Il avait acquis dans ces mers une grande réputation de bravoure et de capacité, et j'ai été en position moi-même d'apprécier les brillants services qu'il a rendus sous mes ordres au combat du Grand-Port de l'île de France et dont il a été récompensé par le grade de capitaine de frégate.

Rentré en France, M. Roussin a commandé la frégate *la Gloire*, armée au Havre. Il a fait, avec ce bâtiment, une croisière dans laquelle il a eu deux engagements avec l'ennemi et fait treize prises, dont deux corvettes anglaises : cette croisière lui a valu le grade de capitaine de vaisseau, auquel il a été nommé en 1814.

Depuis la paix, M. Roussin a fait deux campagnes scientifiques, tant sur les côtes d'Afrique que sur celles du Brésil : le résultat de ces travaux a eu l'approbation des marins et des savants, et lui a ouvert les portes de l'Académie des sciences et du Bureau des longitudes.

Il a été nommé contre-amiral en 1822, lorsqu'il commandait les stations du Brésil et de la mer du Sud.

Chargé en 1828 d'une mission politique au Brésil, il a su, par l'énergie de sa conduite, protéger les intérêts du commerce français et faire respecter en même temps l'honneur du pavillon.

Commandant en chef en 1831 une expédition dirigée contre Lisbonne, M. Roussin a forcé le Tage et a obtenu la réparation des injures faites à la France par le gouvernement portugais alors existant; ce beau fait d'armes, justement apprécié par la France et par l'étranger, lui a valu le grade de vice-amiral.

Il a été promu à la pairie le 12 octobre 1832.

Après avoir passé par tous les grades de la Légion d'honneur, il a obtenu la grande croix de cet ordre en 1836.

Au mois de novembre 1832, étant préfet maritime à Brest, il a été nommé ambassadeur de France à Constantinople, poste qu'il a exercé pendant près de sept ans, et dans lequel il n'a pu rester étranger au mouvement des forces navales stationnées dans le Levant.

Enfin, il a fait partie du ministère du 1er mars, et Votre Majesté a été à portée de juger par Elle-même des hautes qualités qui distinguent M. le vice-amiral Roussin, et son dévouement absolu au Roi et à son pays.

Votre Majesté pensera sans doute qu'une carrière aussi longue et aussi honorable, marquée par des faits d'armes glorieux, et illustrée par de hautes fonctions, justifie la proposition que j'ai l'honneur de Lui soumettre en faveur de M. le vice-amiral Roussin, et je puis Lui donner l'assurance que le corps entier de la marine applaudira à l'élévation de cet officier général.

Si Votre Majesté veut bien approuver ma proposition, je La prie de revêtir de Sa signature le projet d'ordonnance ci-joint.

Signé : DUPERRÉ.

VIII

Discours prononcé par l'amiral Baudin sur la tombe de l'amiral Roussin.

MESSIEURS,

L'illustre amiral qui vient de vous retracer en termes si touchants la noble vie de notre ami commun, m'a laissé peu de choses à dire, et cependant c'est un besoin de mon cœur de vous exprimer aussi mes regrets.

Il y a cinquante ans que j'ai connu l'amiral Roussin; il en avait alors un peu plus de vingt-deux; il n'était encore qu'aspirant de la marine, et tel était dès lors l'ascendant de son caractère, qu'on n'approchait ce jeune homme qu'avec déférence et avec une sorte de respect.

C'est que ce caractère avait été formé par des épreuves auxquelles succombent les âmes vulgaires, mais qui inspirent un redoublement d'énergie aux âmes énergiques.

Aussi, chez lui, rien ne se ressentait de la légèreté et de la futilité de la jeunesse. Tout en se montrant bienveillant et aimable, il était grave et réfléchi, parce que son esprit était sans cesse occupé de choses honorables et utiles. Il avait eu à traverser, dès son début dans la carrière, une longue période de guerres malheureuses; mais son cœur n'en avait point été abattu. Lorsque, après la paix d'Amiens, il vint dans les mers de l'Inde, embarqué comme aspirant sur la frégate *la Sémillante,* il était remarquable par son énergie extrême. C'est alors que je le connus et que commença notre amitié. Bientôt une seconde guerre éclata : il fut fait officier, et une nouvelle ère s'ouvrit pour lui. Pendant sept ans, de 1803 à 1810, une petite division navale, dont la colonie de l'île de France était le centre d'opérations, tint en échec, dans les mers de l'Inde, des forces anglaises quinze ou vingt fois plus considérables que les nôtres, et porta des coups sensibles au commerce de la Grande-Bretagne. Une navigation active, une série de campagnes brillantes et de nobles succès, auxquels, bien qu'en sousordre, il prit une part distinguée, donnèrent un nouvel élan à l'âme du jeune officier, que l'âpreté de ses débuts n'avait fait que fortifier. L'éducation des difficultés lui avait été profitable, celle des succès ne le lui fut pas moins. Ce fut alors que se forma en lui l'union du savoir et de l'enthousiasme, de la capacité et du caractère, et quand, après la perte de notre colonie de l'île de France, écrasée par une expédition gigantesque, il revint dans la mère patrie, en 1811, à l'âge de trente ans, toutes les qualités se réunissaient en lui pour en faire un capitaine complet, le plus complet peut-être dont notre marine se soit honorée depuis un siècle.

Aussi, accueilli avec distinction par l'empereur Napoléon, fut-il presque immédiatement chargé de la mission la plus difficile et la plus périlleuse; et si j'insiste sur ce détail de sa vie, si j'y ramène votre attention, c'est qu'après l'avoir étudié avec toute la mienne, il a laissé dans mon esprit, depuis plus de quarante ans, une admiration profonde, et que j'éprouve le besoin de vous faire partager.

En confiant au capitaine Roussin le commandement de la *Gloire,* l'Empereur avait voulu que cette frégate, qui armait pour la première fois au Havre, en sortît pour aller croiser dans l'océan Atlantique. C'était dans l'hiver de 1812 à 1813, après la désastreuse retraite de Moscou, à une époque de revers capables d'ébranler les plus mâles courages. Les matelots manquaient; il fallait, avec un équipage novice, composé en grande partie de conscrits mourant du mal de mer, tromper la vigilance des ennemis, que toutes les circonstances favorisaient; il fallait le primer de manœuvre; traverser, la mèche allumée, un premier, un second, un troisième cordon de croiseurs, qui formaient comme un réseau dans toute l'étendue de la Manche. Les difficultés étaient si nombreuses et tellement puissantes, que le chef le plus capable et le plus courageux n'était pas même sûr de succomber avec honneur.

Deux frégates, qui avaient récemment tenté l'entreprise, avaient péri misérablement. La population tout entière du Havre regardait donc toute tentative à ce sujet comme impraticable, et cette opinion aurait démoralisé le jeune équipage de la *Gloire*, en lui inspirant la défiance et le découragement, si l'ardeur et l'énergie du chef ne se fussent communiquées à tous les cœurs. Avec cette supériorité d'activité et de décision qui le distinguaient si éminemment, il surmonte toutes les difficultés de l'entreprise, sort du Havre par une belle nuit de décembre, traverse les forces ennemies, en combattant, va s'établir en croisière dans l'Océan, et, après avoir exercé son jeune équipage pendant deux mois et demi et fait douze prises, il conduit la *Gloire* à Brest, où son arrivée est saluée par de vives et unanimes acclamations.

La paix qui survint l'année suivante interrompit la carrière militaire du jeune et brillant capitaine.

Je ne dirai qu'un mot de ses travaux subséquents. Déjà, tout en faisant la guerre dans les mers de l'Inde, il s'y était occupé d'explorations hydrographiques. Chargé, en 1816, d'une reconnaissance fort étendue, celle des côtes occidentales d'Afrique, il termina en deux campagnes cet important travail. Le talent qu'il y déploya lui fit confier, quelques années après, la mission, plus importante encore, d'explorer les côtes du Brésil, dont il publia en 1826 un atlas complet avec un volume d'excellentes instructions nautiques. Ces deux services rendus à l'hydrographie lui ouvrirent, en 1830, les portes de l'Académie des sciences, et, en 1832, celles du Bureau des longitudes, au nom duquel je déplore aujourd'hui sa perte. C'est à moi, comme à son collègue, son ancien camarade et son ami, que revenait naturellement cette triste et honorable tâche. De tous les officiers qui ont servi avec Roussin au commencement de ce siècle, je crois être le seul survivant aujourd'hui : lui et moi, nous avons vécu ensemble dans l'intimité de la vie du bord ; nous avons été en communauté de service, de travaux et de dangers, et pendant trente années nous n'avons cessé d'entretenir une correspondance active. Je peux dire que, dans toute cette longue période d'intimité, commencée dans la jeunesse, continuée dans l'âge mûr, et rompue seulement par la maladie et la mort, je n'ai pas connu à Roussin une pensée, je ne l'ai pas entendu exprimer un sentiment qui ne fût noble et utile. La droiture et l'élévation étaient le caractère distinctif de son esprit ; son âme était à la hauteur de toutes les entreprises. Il n'y a pas de résolution si hardie qu'il ne fût capable de concevoir et d'accomplir ; il ne lui a manqué que de vivre dans des circonstances plus favorables au développement de notre force navale que celles dans lesquelles il s'est trouvé sous les gouvernements de la première République et de l'Empire, occupés de grandes guerres continentales qui absorbaient l'attention du pays et épuisaient toutes ses ressources. Aussi l'amiral Roussin n'a-t-il peut-être pas été assez apprécié, faute d'avoir été assez connu du public. L'envie et l'esprit de dénigrement se sont efforcés d'affaiblir l'importance de sa brillante expédition du Tage ; mais les hommes du métier, qui savent quelles difficultés il a eu à vaincre, connaissent tout le mérite d'une telle entreprise, considérée avant lui comme impraticable. Quand on étudie tous les détails de cette expédition, on est saisi d'admiration, surtout en lisant les instructions adressées par l'amiral à ses capitaines. Sa correspondance avec le ministre des affaires étrangères du Portugal n'est pas moins admirable : c'est un chef-d'œuvre de fermeté, de modération et de lucidité. Cette correspondance décèle un talent diplomatique d'un ordre distingué.

Déjà, quelques années avant, l'aptitude de l'amiral comme négociateur s'était montrée dans sa mission à Rio-Janeiro. Chargé par le gouvernement du roi Charles X de mettre un terme aux injustices et aux violences commises contre notre commerce par les forces brésiliennes qui bloquaient la Plata, l'amiral était entré, en ligne de bataille et mèche allumée, dans la rade de Rio, avait mouillé son escadre à portée de fusil des quais de la capitale ; puis, après huit jours de correspondance infructueuse avec le ministère brésilien, il était allé tout droit à l'empereur dom Pedro, l'avait personnellement subjugué par l'ascendant de sa parole et de son caractère, et avait obtenu de lui toutes les réparations demandées pour le passé, toutes les garanties désirables pour l'avenir. Ce fut là aussi un glorieux et important service.

Encore quelques mots, Messieurs, en terminant. Courage à toute épreuve, élévation de sentiments, aspiration constante vers tout ce qui était honnête et honorable, générosité chevaleresque, intégrité parfaite, dévouement ardent au pays, vertus domestiques, vertus chrétiennes; tel fut, en résumé, le caractère de l'amiral Roussin. Puisse notre France posséder à toutes les époques de tels hommes pour la servir et l'honorer! Puissent ces hommes être toujours dignement récompensés par l'estime et la reconnaissance du pays!

PARIS. TYP. DE E. PLON, NOURRIT ET Cⁱᵉ, RUE GARANCIÈRE, 8.

PARIS

TYPOGRAPHIE DE E. PLON, NOURRIT ET Cie

Rue Garancière, 8.

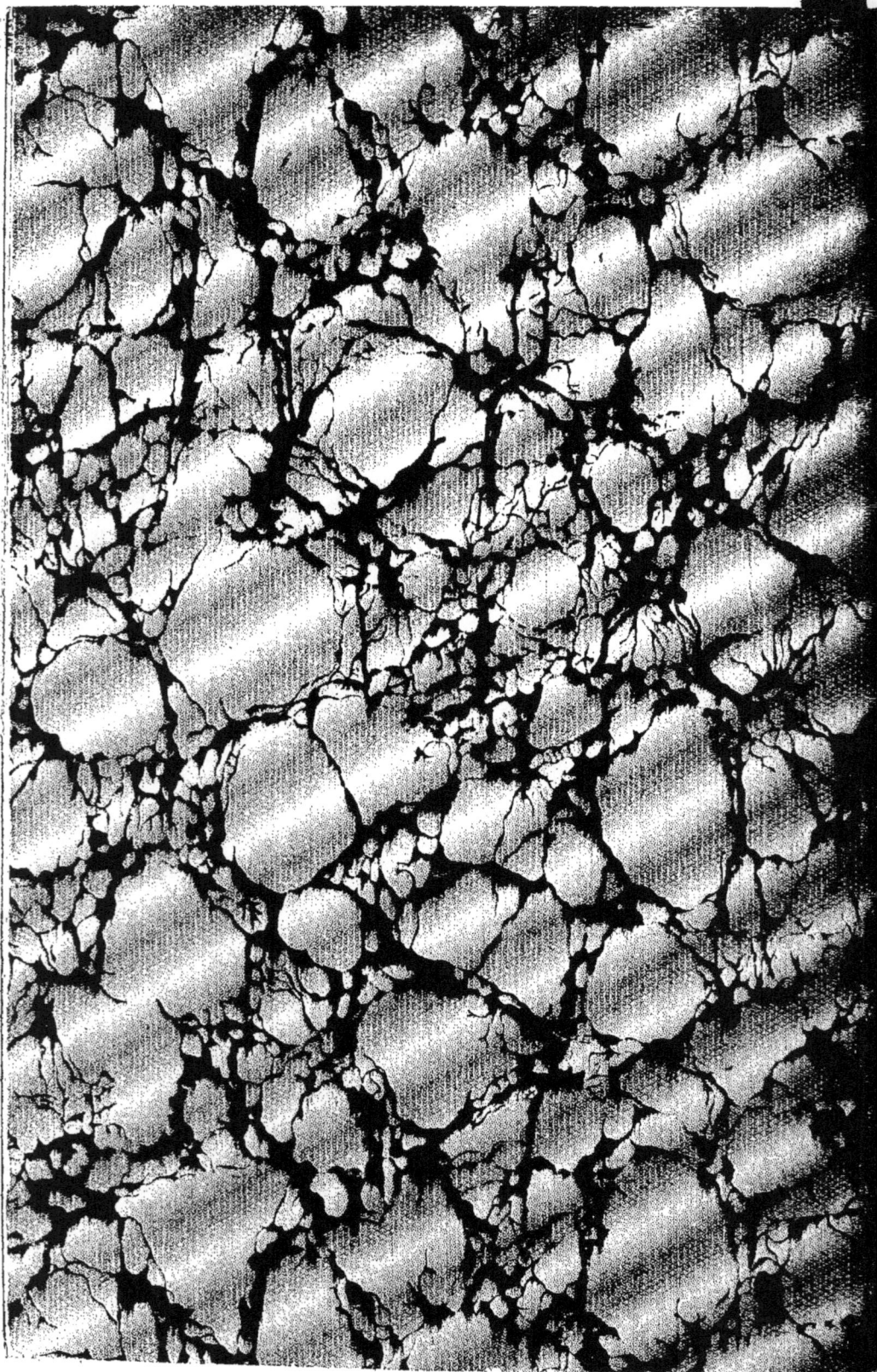

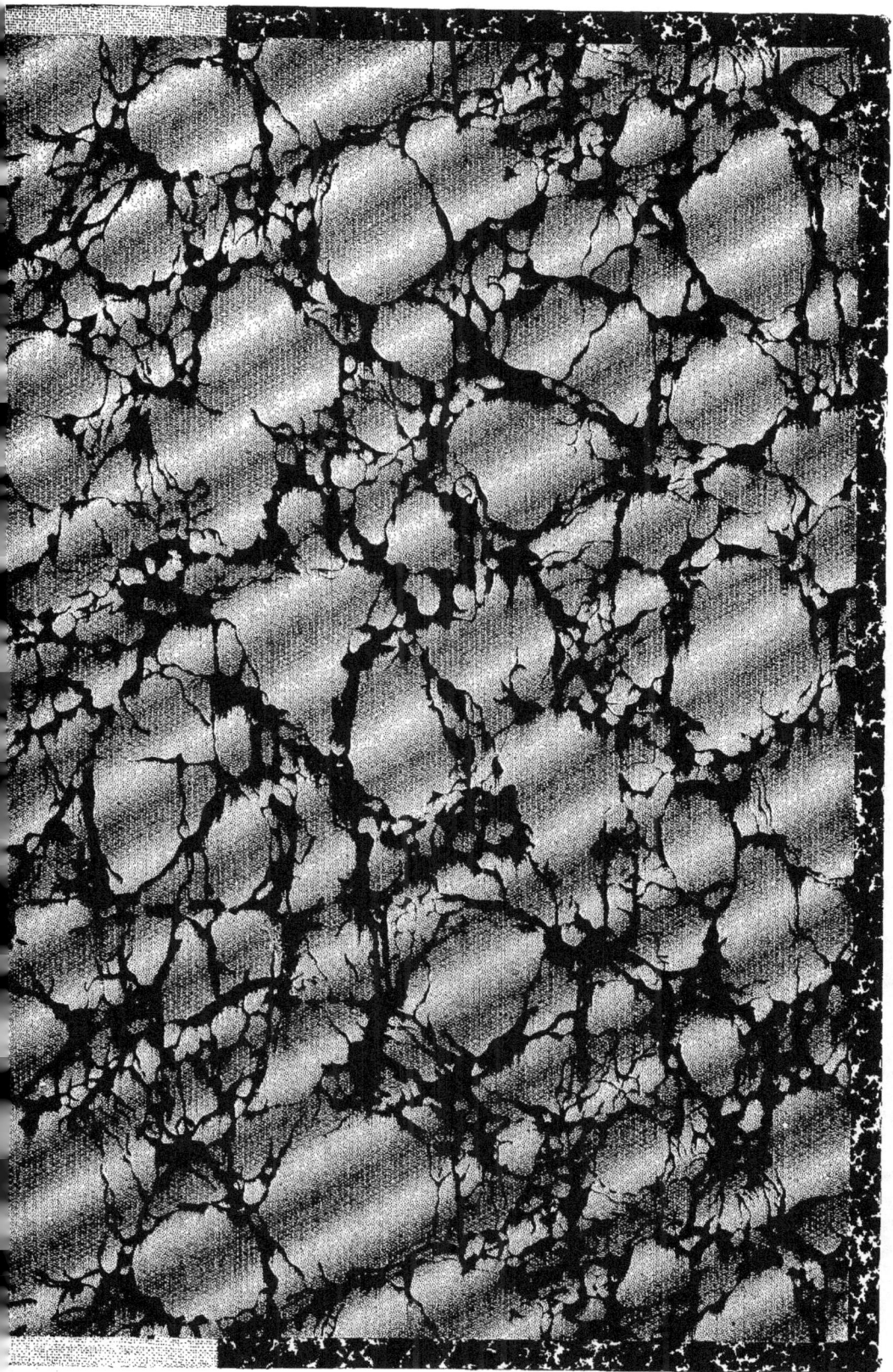

www.ingramcontent.com/pod-product-compliance
Lightning Source LLC
Chambersburg PA
CBHW071940090426
42740CB00011B/1765